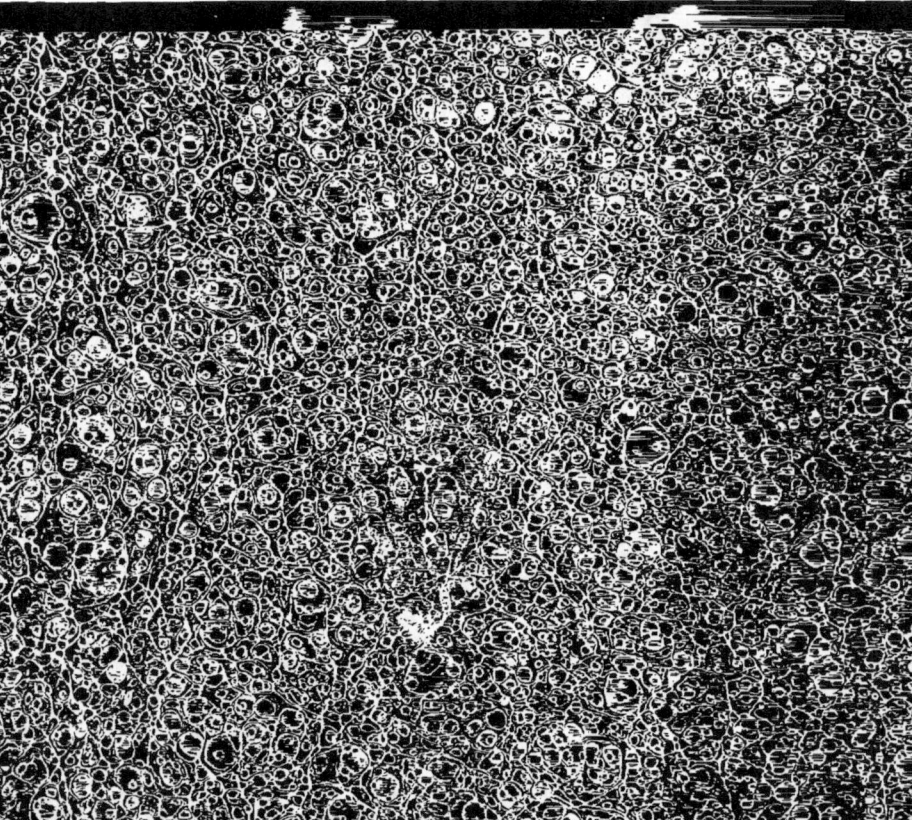

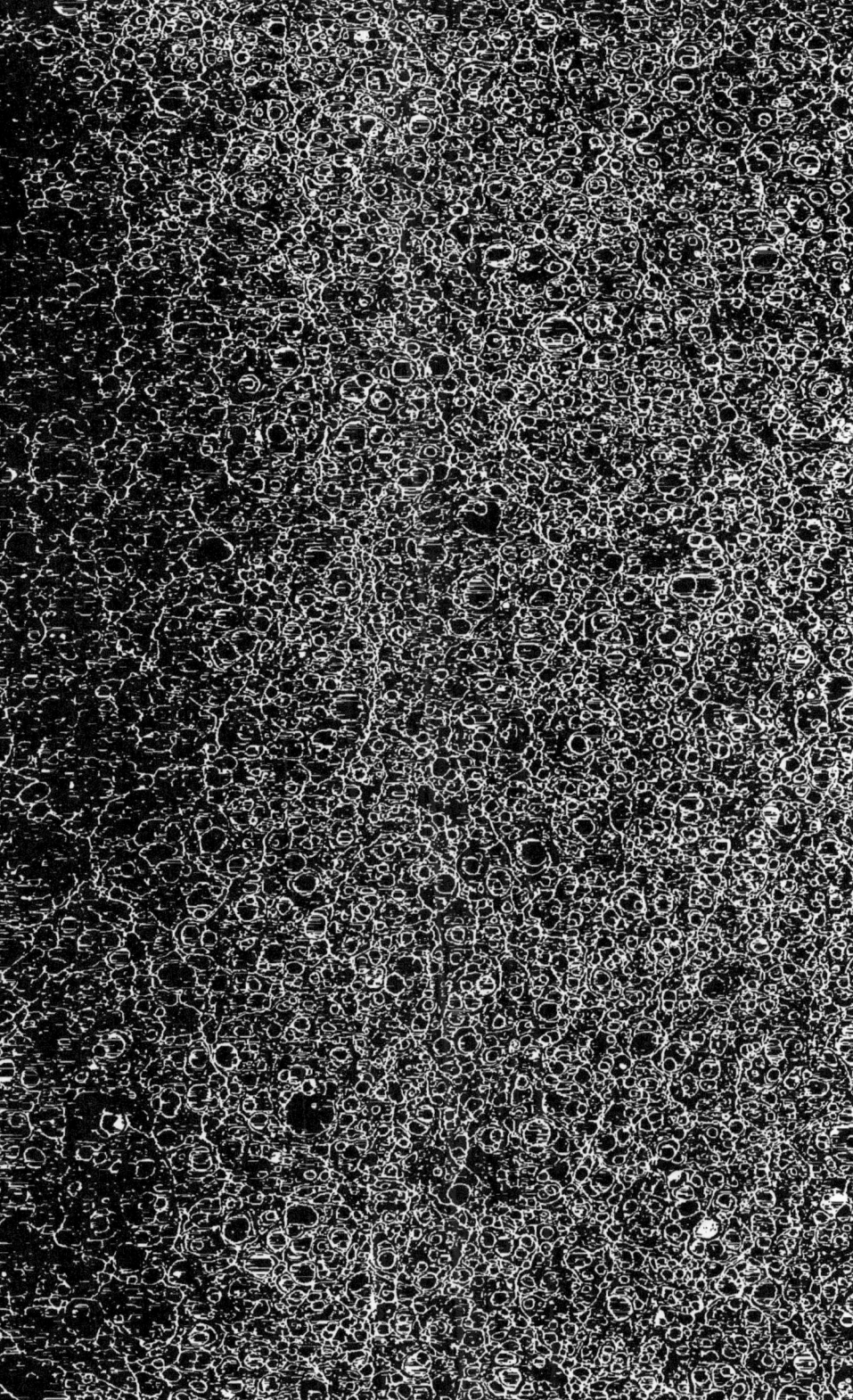

LK7 2424

MONUMENT

DE

SAINT BERNARD.

Le produit de cette Notice sera appliqué à couvrir les frais du Monument.

Prix : 2 fr.

DIJON, IMPR. DE FRANTIN.

MONUMENT

DE

SAINT BERNARD

ÉRIGÉ A DIJON EN 1847.

DIJON,

VICTOR LAGIER, LIBRAIRE-ÉDITEUR.

—

M. DCCC. XLVII.

I.

FONTAINES-LEZ-DIJON.

Etiam periére ruinæ.
Les ruines elles-mêmes ont disparu.

Le village et la maison de Fontaines (1) tirent leur nom d'une *source* qui jaillit au pied du rocher sur lequel l'église actuelle est bâtie. Sous Théodose-le-Jeune, à l'époque où le culte idolâtrique s'était retiré près des sources sacrées, dans les bois et les campagnes, il est probable qu'une simple croix fut d'abord placée sur la crête du rocher, conformément aux dispositions du Code :

(1) *Fontaines*, dans les anciens titres *Fontanæ, Fontes.*

S'il reste encore quelques vestiges du paganisme, nous voulons qu'on les fasse disparaître, et qu'à leur place on mette le signe de notre vénérable religion (1).

S. Martin prêchait contre ce *Paganisme*, et laissait souvent, lui aussi, le signe vénéré sur le théâtre de ses fécondes prédications.

Le saint évêque traversa nos contrées pour aller à Autun; nous ignorons s'il visita Fontaines; toujours est-il que son nom se trouve dans les plus vieilles traditions religieuses de la paroisse, qui était St.-*Martin*-des-Champs, sur la rive gauche de Suzon (2). Mais à la place de la croix du rocher, on construisit bientôt une petite chapelle dédiée à St. Ambroisinien, un autre destructeur d'idoles.

Sur la fin du xie siècle, dans le manoir élevé sur la même roche, près de l'autel de St. Ambroisinien, vivait une antique famille qui avait pris le nom de la petite source, et s'appelait *de Fontaines*. La noble châtelaine de cette époque avait coutume de réunir annuellement ses amis le premier septembre, jour de la fête de St. Ambroisinien, patron de sa chapelle. Or, une année, la dame du château était malade, elle ne put accompagner ses hôtes à l'autel du Saint, ni s'asseoir avec eux autour de la table de famille. Elle les laissa donc à toute la joie de la fête; mais on lui avait apporté la sainte eucharistie; et, quand le festin fut terminé, elle fit venir Guido, son fils aîné, et lui dit : Ma dernière heure est

---

(1) Si qua restant delubra, destrui et collocatione venerandæ religionis signi expiari præcipimus. (Cod. Theod., tit. x, l. 25.)

(2) « S. *Martinus-à-Pratis*, ou bien *Campaniensis, Campaniæ*. » Cette église est appelée *Abbatiola* dans les anciens titres.

venue, mon fils; réunis autour de moi notre famille, nos convives, tous nos amis.

Guido exécuta les ordres de sa mère. Elle leur demanda de recommander son ame à Dieu, fit le signe de la croix, et mourut (1).

Les moines de St.-Benigne, au milieu du peuple de Dijon, apportèrent sur leurs épaules le corps de la pieuse châtelaine, et le déposèrent dans l'église de l'abbaye. On mit sur sa tombe six belles statues (2), emblême des six fils que Dieu lui avait donnés. Puis, longtemps après, selon l'épitaphe que fit Guillaume Flaming,

> En l'an, qu'on dit mil deux cent et cinquante,
>   La saincte dame, avec Dieu exaltée,
> Pour nous causer dévotion plaisante,
> Fut de Dijon à Clérevaulx portée (3).

Cette dame de Fontaines était Aalays (4) que l'histoire littéraire nous signale comme une des femmes les plus lettrées de son époque (5).

Elle était fille de Bernard de Montbard, issu, d'après des traditions contemporaines, des comtes de Tonnerre, et des plus anciens ducs de Bourgogne.

Elle épousa Tescelin de Fontaines, grand seigneur que ses contemporains appelaient *homme d'une antique*

---

(1) Johannes Eremita.
(2) *Ibid.*
(3) FLAMING ne fait que copier Chrysostome HENRIQUEZ in Fasciculo S. Ordinis Cist., lib. 2, Dist. 41, cap. 4.
(4) On trouve ce nom écrit de diverses manières : Aalays, Aelays, Alays, Aalette, Aleth, etc., etc.
(5) Tableau des gens de lettres, V. — 289. Hist. littéraire, IX. 132.)

et légitime chevalerie. Nous le voyons dans nos chartes, signant, à la tête de tous les Grands de la Province, un diplome de Hugues II; et il était allié au sire de Joinville, historien des Croisades.

Mais ces deux nobles personnages n'étaient plus sur leur tombe qu'une *laïque* et qu'un *moine;* voici ce qu'on trouve dans l'ancien nécrologe de St. Benigne : *Aux Calendes de sept. mourut Alays,* LAÏQUE. — *Le IIIe des Ides d'avril mourut Tecelin,* MOINE (1).

Ils avaient donné le jour à Bernard de Fontaines, qui lui aussi ne voulut être qu'un moine, mais qui fut le réformateur de la Chrétienté et le premier champion de la civilisation moderne contre le despotisme de Mahomet et l'invasion de l'Asie triomphante. Le fils de la petite source de Fontaines devait se répandre, comme le Danube, des montagnes de notre Occident aux frontières de l'Asie.

Les plus grandes familles de la Bourgogne tenaient à honneur de s'allier avec les descendants de Tescelin et d'Aalays. Quand on parcourt nos vieilles chartes, on voit tour-à-tour passer sous les yeux des comtes et des ducs, les Maisons de Saffres et de Sombernon, de Châtillon et de Grancey, de Noyers et d'Epoisses, de Montagu, de Champlitte, de Vienne, de Charny, de Damas, de Saulx, et vingt autres. A quoi bon développer les branches de ces illustres Maisons : toutes montraient avec orgueil un fleuron de Fontaines à l'un des rameaux de leur généalogie.

Dans toutes les abbayes de la Province on gardait le

---

(1) Kalend. sept. obiit Alasia LAÏCA. III Idus april. obiit Tecelinus MONACHUS. — Le père de St. Bernard se fit moine à Clairvaux, dont son fils fut le fondateur.

souvenir de la présence, du passage, de la générosité de quelqu'un des membres de la famille de St. Bernard. Nous en retrouvons les traces à la Buxières comme à Cîteaux, à Tart comme à Clairvaux, à Prâlon, à Bonveau, à Juilly comme à Fontenet, à Molême, à Morimont, à Larrey, à St.-Jean d'Autun comme dans toutes les églises de Dijon.

Mais que nous reste-t-il de ces grands souvenirs? On sait encore dans un village de la Côte qu'un descendant de la famille de St. Bernard tint pour Henri IV pendant la Ligue, et qu'il préféra se faire écraser dans ses marais plutôt que de se rendre aux Espagnols de Mayenne (1). Avant la révolution, le maréchal d'Haussonville représentait encore la Maison de Saffres et de Fontaines. Où sont aujourd'hui ses fils?

On montrait, il n'y a pas longtemps, dans notre abbaye de Prâlon, les ornements sacerdotaux de St. Bernard, son amict, son aube, une ceinture qui n'était qu'une petite corde avec plusieurs nœuds, l'étole droite et le manipule, une chasuble grande et fermée pardevant, comme les anciennes chasubles; son calice enfin, large et peu profond, comme celui qu'on gardait à Clairvaux. Dom Martenne, qui avait vu tous ces objets, leur avait reconnu l'antiquité que leur donnait la tradition. Que sont-ils aussi devenus (2)? C'est à peine si l'on sait que l'abbaye de Prâlon remontait à St. Bernard et à l'une de ses belles-sœurs.

A Grancey il y avait encore, sous Louis XIV, un

---

(1) COURTÉPÉE, Villy-le-Brûlé.

(2) Après la suppression du couvent de Prâlon en 1748, ces précieux objets furent déposés dans l'église cathédrale de St.-Etienne de Dijon.

vieux donjon que S. Bernard avait habité, et qui protégeait sa mémoire. A Châtillon l'on connaissait la maison qui l'avait reçu pendant ses études. Il y avait au xve siècle à Fontaines une vigne qui était désignée par le nom du Saint. Une charte nous y signalait une tour vulgairement appelée *Tour Monsieur St. Bernard*; et l'on y montrait une chambre basse *dans laquelle il fut né*. Quand écrivait l'historien du diocèse de Langres, on lisait au-dessus de la porte de cette chambre : *Venez, mes enfants, je vous introduirai dans la maison de mon père, et dans la chambre où ma mère m'a enfanté.*

Il ne nous reste rien de tous ces précieux souvenirs, ou bien ils sont négligés; quel cas fait-on de la vieille tombe de famille qui se trouve encore aujourd'hui dans les ruines de Bonvau?

Les moines de Cîteaux gardaient dans le trésor de leurs chartes un diplome dont voici quelques lignes : « L'an de l'Incarnation N. Seigneur, 1462, le 20e jour de fév. — Je Bernard de Mairey, escuyer, sieur de Fontaines-lez-Dijon, en partie, fais savoir à tous présens et à venir, comme de très-longtemps j'ay eu et encore ay de présent grande dévotion à Dieu, mon Créateur, à la glorieuse Vierge et aussi à Monseigneur sainct Bernard, pour ce qu'il fust natif au chastel dudit Fontaines, qu'il partit de ladite seigneurie, et que d'icelle seigneurie et ligne je suis issu et descendu; considérant aussi que dans son jeune âge il fut reçu novice et fist profession au monastère de N.-D. de Cisteaux, etc., etc. »

Il donnait à l'abbaye *le quart du chastel, forteresse* et *maison-forte de Fontaines*, à condition que les moines feraient construire à leurs dépens, au manoir de ce lieu, une chapelle à Dieu et à *Monsign. St. Ber-*

nard, dans laquelle serait célébrée, tous les vendredis, à perpétuité, une messe en l'honneur du saint patron, parent du donateur.

Une petite chapelle fut en effet construite; elle existait en 1613, quand Joachim de Damas, seigneur de Fontaines, vendit le domaine aux Feuillants, qui bâtirent à sa place une église et un monastère; ils avaient compris qu'il fallait enfin à St. Bernard une grande manifestation monumentale.

Henri IV avait le premier rendu justice à ce grand homme, en fondant un monastère en son honneur dans la capitale de son royaume; mais Louis XIII fit mieux, il voulut être le fondateur d'un monastère sur le berceau même de St. Bernard.

On vit donc bientôt s'élever l'église des Feuillants sur le rocher féodal. Elle était décorée de belles colonnes corinthiennes, dont dix étaient en marbre noir, et six en marbre blanc de Flandre. L'autel principal avait la forme d'un tombeau antique, et il était surmonté d'un baldaquin (1) porté par quatre autres colonnes de marbre blanc, au milieu desquelles on voyait la statue dorée du Saint, que Louis XIV n'oubliait plus depuis la bataille de Lens, gagnée le jour de la fête de saint Bernard.

L'ordonnance de cette église, qu'il ne faut pas confondre avec celle de la paroisse, qui a remplacé la chapelle de St. Ambroisinien, formait une enfilade de trois arcs, à plein cintre, parsemés de fleurs de lis, ornés du chiffre de Louis XIII et d'Anne d'Autriche. Le clocher portait dans les nues, à la face de toute la Bourgogne,

---

(1) Ce baldaquin décore aujourd'hui l'autel de la Vierge à Saint-Benigne.

qu'on découvre en grande partie depuis cette montagne, la statue colossale de l'illustre fils de Fontaines, appelé par nos rois dans leurs lettres aux Feuillants, l'un des plus notables ornements du royaume de France.

Tout cela fut changé par l'orage révolutionnaire. La chapelle de Louis XIII, élevée sur le lieu même où naquit le Saint, n'a cependant pas été anéantie ; il en existe de beaux débris qui sont dignes de fixer l'attention du Gouvernement. Mais n'y aurait-il donc pas aujourd'hui une pierre debout solennellement consacrée au plus grand homme du XIIe siècle ? Les traditions de famille sont effacées ; celles des abbayes perdues dans la poussière ; celles du peuple expirent ; et déjà le doute se disposait, en couvrant de son voile le berceau de l'enfant de Fontaines, à nous enlever jusqu'au souvenir de notre gloire.

La France fait aujourd'hui en face de l'Europe le compte de ses grands hommes; il était donc temps de relever nos titres, et de les consacrer, en élevant en face du côteau de Fontaines, sous les murs de Dijon, la grande figure de St. Bernard dominant son siècle.

II.

MONUMENT.

> *Ab hujus omnes ore pendent.*
> Ils sont suspendus à ses lèvres.
> SANTEUIL, *Hymn. S. Bernardi.*

Depuis plusieurs années on se préoccupait à Dijon de la pensée d'ériger une statue à chacun des deux plus illustres enfants de la Bourgogne, saint Bernard et Bossuet : l'un le cœur le plus vaste, le plus inspiré, le plus fécond de l'Eglise au moyen-âge; l'autre le plus puissant esprit, la plus haute expression de l'éloquence et du génie chrétien dans les temps modernes. Notre pays devait-il se borner à une stérile admiration, quand de toutes parts les moindres villes honorent par des statues les grands hommes qu'elles ont produits? C'eût été une honte pour la ville de Dijon de paraître indifférente et peu soucieuse de se parer de la gloire de ses fils.

Ce que Rouen a fait pour Corneille, Sarlat pour Fénélon, La Ferté-Milon pour Racine, Montbéliard pour Cuvier, Poix pour saint Vincent de Paul, Ajaccio pour Napoléon, Versailles pour Hoche et l'abbé de L'Epée; Dijon devait vouloir le faire pour Bossuet et pour St. Bernard.

Aussi, à la première annonce de ce projet, toutes les opinions lui parurent d'abord favorables, et nous commençâmes avec l'intention formelle de réunir dans un double hommage ces deux illustres mémoires.

Pour la statue de saint Bernard nous avions naturellement le quartier qui porte son nom; nous proposions pour Bossuet l'une des places de la ville, notamment celle où se trouve la maison où il est né.

Toutefois, nous avons dû bientôt simplifier notre projet, le conseil municipal ayant revendiqué l'exécution de cette partie de notre œuvre.

Ainsi s'exprime en effet le conseil municipal dans sa délibération du 7 février 1845 :

« Considérant que.... Il convient que l'administration municipale prenne l'initiative dans la réalisation de la pensée d'élever à Bossuet une statue monumentale sur une des places de la ville,

Délibère,

1° Que des remercîments sont votés aux citoyens honorables qui, en adressant au Conseil municipal une pétition tendant à obtenir un emplacement pour ériger une statue à Bossuet, ont cherché les premiers à acquitter envers la mémoire de ce grand génie la dette de sa ville natale, et ont rappelé tous les esprits au culte des grands hommes et des grands souvenirs;

2° Que l'administration municipale prendra toutes les mesures nécessaires pour arriver à l'érection *prompte* et digne d'un monument à Bossuet. »

Nous ne pouvons qu'approuver cette prétention si légitime du Conseil municipal, qui a noblement compris qu'un pays s'honore par l'honneur qu'il rend à ses grands hommes.

Notre tâche s'est donc bornée à ériger un monument à saint Bernard.

Malheureusement diverses circonstances entravèrent l'exécution de ce projet si patriotique; des préventions, triste résultat de nos dissentiments politiques, lui avaient suscité de nombreux obstacles. Ce projet en lui-même, la composition du monument, la place qu'il devait occuper furent critiqués tour à tour..... Mais forte de la droiture de ses intentions, se confiant aux artistes habiles qu'elle devait employer, et comptant avec raison sur le bon sens public, la Commission formée pour la réalisation de cette grande pensée, en poursuivit paisiblement l'exécution, ajournant sa réponse à l'époque où elle pourrait montrer ses œuvres. L'exhibition du monument lui paraissait seule capable de justifier les sympathies des uns, et de faire tomber les préventions des autres.

Mais cette œuvre, il faut le dire, ne se fût pas accomplie si M. Lacordaire, architecte à Dijon, n'eût pas donné un emplacement dans le beau quartier qu'il a fondé (1).

---

(1) Par acte passé devant Me Virely, notaire à Dijon, le 14 juillet 1846, M. et Mme Lacordaire ont fait cession gratuite et irrévocable de cet emplacement à la Commission des souscripteurs du monument de St. Bernard.

Par ses soins, d'autres constructions d'un style tout particulier, et, autant que possible, en harmonie avec celui du monument qu'elles devaient accompagner, ont été faites au-delà de la place St.-Bernard.

Par ses soins aussi, de nouvelles rues partant de cet emplacement si bien encadré aujourd'hui, ont été ouvertes sur la campagne, et tous les abords disposés pour faciliter l'accès du monument, le placer au meilleur point de vue possible et en faire l'objet principal, le point de centre du quartier St.-Bernard.

Dominé dans la création de cet ensemble si complet par le désir d'embellir la ville et par une pensée de réparation envers un grand homme trop longtemps oublié, M. Lacordaire n'a épargné, pour atteindre ce noble but, ni dépenses, ni temps, ni études; l'idée-mère du monument, sa composition architectonique, ensemble et détails, lui appartiennent, et les travaux ont été dirigés par lui avec le plus complet désintéressement. La Commission croit devoir consigner ici ces diverses circonstances, et conserver ainsi le témoignage de la sincère reconnaissance qu'elle en éprouve.

Pourvue d'un emplacement convenable, elle fit alors appel au patriotisme des Bourguignons; elle sollicita même, au loin, des souscriptions qui semblaient ne pas devoir lui faire défaut. Malheureusement des calamités publiques détournèrent l'attention et la fixèrent sur des besoins plus pressants; les incendies, les inondations, la disette épuisèrent tour-à-tour les ressources sur lesquelles on pouvait légitimement compter : force fut donc d'attendre des temps meilleurs.

On rendra cette justice à la Commission, elle n'a pas été importune; on lui reproche même, en ce moment, avec une bienveillance dont elle est reconnaissante, de n'avoir pas encore demandé toutes les souscriptions enregistrées. Elle hésite d'autant moins à faire un nouvel appel de fonds, qu'elle ne s'adresse pas au public avec un simple prospectus ; elle offre un monument complet qui a su conquérir l'approbation générale, et dont elle est heureuse de faire hommage à la ville de Bossuet et de St. Bernard.

Peut-être lui reprochera-t-on d'avoir achevé le monument lorsqu'elle n'avait encore recueilli que les deux tiers des fonds nécessaires à son érection. Mais M. Lacordaire donnait ses plans, son travail, le terrain; M. Jouffroy s'offrait à faire les avances de l'exécution de la statue et des bas-reliefs ; les entrepreneurs accordaient tous les délais, tout le temps nécessaire pour recueillir des souscriptions nouvelles. Il y avait d'ailleurs à craindre qu'une circonspection trop grande ne compromît cette œuvre et n'en ajournât indéfiniment l'exécution. La Commission ne devait-elle pas aussi compter sur de constantes sympathies dans un pays, dans une cité, amis des arts et des grands souvenirs, sur le généreux concours de ses concitoyens, quand elle les inviterait à honorer avec elle un homme qui est en possession des respects du monde, et dont le nom glorieux est la plus belle partie de notre héritage (1)?

Les bas-reliefs du monument sont terminés; l'échafaudage en planches qui l'environnait depuis si longtemps a disparu ; la statue est enfin sur sa base, et tout le monument recouvert d'un voile immense.

(1) Cette Notice sera terminée par l'exposé pur et simple de la situation financière.

Cependant une foule d'ouvriers sont encore occupés à déblayer, aplanir, à sabler la place et les avenues. Deux vastes estrades en amphithéâtre, capables de contenir chacune plus de deux cents hommes, sont destinées aux Membres de la Commission, aux différents Corps constitués, et aux personnes les plus honorables de la ville. Derrière les grilles des deux bâtiments qui se font face près de la statue, sont d'autres estrades réservées aux dames ; enfin la place elle-même, fermée de tous côtés par des barrières, contiendra les souscripteurs présents et toutes les autres personnes invitées. Une enceinte spéciale recevra les habitants de la commune de Fontaines-lez-Dijon, berceau du grand homme dont on célèbre la mémoire.

Arrive le dimanche, 7 novembre. — Le ciel est couvert, brumeux, pluvieux même!.... Quel contretemps!....

Toutefois, on ne perd pas courage et les préparatifs continuent. A onze heures, une compagnie des soldats de la garnison est envoyée sur les lieux pour occuper les avenues et garder les barrières. — Le ciel devient peu-à-peu plus rassurant.

A midi, un peloton de dragons et trois autres compagnies d'élite, tambours et musique en tête, se rendent au quartier Saint-Bernard. La musique est placée d'un côté du monument, les tambours de l'autre, les dragons en demi-cercle par derrière, l'infanterie aux divers postes qui lui sont assignés : c'est un aspect imposant.

La foule assiège les avenues autour du monument ; elle est déjà considérable.

A midi et demi, Mgr. l'Evêque, président de la Commission du monument, arrive avec ses deux grandsvicaires ; puis successivement M. le Préfet, M. Saunac, député, les autres Membres de la Commission, les deux généraux, en grande tenue, à la tête d'un nombreux et brillant état-major, les Membres de l'Académie des Sciences, Arts et Belles-Lettres de Dijon, ceux du clergé, puis enfin les autres personnes nominativement invitées. Des commissaires spéciaux étaient chargés d'introduire et de conduire les invités aux différentes places qui leur étaient assignées.

Cependant les estrades se garnissaient rapidement, la place se remplissait d'une foule compacte ; la vaste plaine qui s'étend au-delà du monument du côté de Fontaines, offrait le spectacle d'une multitude immense accourue de toutes parts à cette fête. De tous les points d'où l'on pouvait apercevoir la statue, apparaissaient des milliers de spectateurs; les murs mêmes en étaient partout hérissés. Non-seulement toute la ville de Dijon en masse, mais toutes les populations d'alentour et bon nombre d'étrangers étaient là, pressés, refoulés les uns sur les autres, et pourtant dans une attitude et un calme parfait. Cela faisait naturellement penser aux innombrables auditeurs de St. Bernard à Vézelay.

Les brouillards s'étaient dissipés, et les nuages étaient moins menaçants.

La musique se fait entendre, puis un roulement prolongé de tambours ; et, le silence s'étant établi, le Président de la Commission se lève, et, de cette voix forte, sonore et vibrante que tous lui connaissent, mais cette fois un peu émue, prononce un discours où il expose le but de la solennité et les motifs qui ont porté à élever une statue à St. Bernard. Les paroles du prélat empreintes d'un éclatant patriotisme ont été unanimement goûtées, et plusieurs fois interrompues et couvertes de vifs applaudissements, auxquels les plus indifférents même n'ont pas dédaigné de prendre part.

« Messieurs,

» Au moment de prendre la parole, en cette occasion solennelle, pourquoi n'avouerais-je pas que j'éprouve un trouble secret, une appréhension profonde et inaccoutumée?... Je sens tout ce que vous avez le droit d'attendre de moi, en cette circonstance, et la conviction de mon insuffisance m'inquiète, non pas pour moi cependant, mais pour le grand sujet que je dois traiter. Quand je parais dans la chaire de vos églises, votre Foi, votre respect pour mon saint ministère protègent ma parole; et pourvu que je vous parle de Dieu et de vos ames, vous me trouvez toujours assez éloquent. Mais ici, ce n'est pas l'évêque qui vient parler à ses ouailles fidèles et bien-aimées, c'est le président de la Commission du monument de St. Bernard qui doit vous en exposer les motifs et le but....

» Or cette magnifique tâche m'effraie, et j'aurais voulu décliner ce redoutable honneur; j'aurais voulu, pour que l'orateur ne fût pas au-dessous de la solennité qui nous rassemble, et du héros que nous voulons honorer, j'aurais voulu céder cette place à ce digne fils de la Bourgogne; à celui que son éloquence, son dévouement, ses vœux monastiques et l'admiration des populations toujours avides de l'entendre, rapprochent, ainsi que sa tendre piété et sa rare candeur, du grand Saint dont l'image va vous être présentée.... C'était à lui de célébrer le grand homme, le Père des Cénobites, l'orateur, le Héros chrétien.

» Cette glorification publique, j'aurais aussi voulu la

confier à ce noble pair, vaillant défenseur de la Religion, des arts et de la liberté, lui dont la parole vive et puissante charme et captive toujours ceux-là mêmes qu'elle ne saurait persuader. Admirateur sincère de St. Bernard, il a recueilli avec un soin religieux tous les rayons qui doivent illuminer cette vie si glorieuse et si pleine.

» C'était ici le moment et le lieu d'ouvrir ce riche trésor, et, en présence des compatriotes de St. Bernard, au pied de son berceau, d'en faire sortir, pour orner sa statue, l'auréole de gloire dont ses contemporains ont décoré son nom. Mais l'absence de l'éloquent Dominicain, et la modestie du noble pair, m'ont imposé de garder pour moi-même l'honneur de porter la parole aujourd'hui. Heureusement pour vous et pour moi, Messieurs, le savant auteur des *Annales du moyen âge,* le digne président de notre Académie des Sciences, Arts et Belles-Lettres, a bien voulu nous venir en aide et nous prêter le secours de sa science profonde, de son jugement si sûr et de sa plume si bien exercée. C'est lui qui tout-à-l'heure vous esquissera la vie de St. Bernard.

» Pour moi, à défaut d'éloquence, au moins vous apporté-je un sentiment profond des droits de St. Bernard à cette glorieuse manifestation, et de l'honneur que vous vous faites, en la lui décernant.

» Assez longtemps, Messieurs, la France a vécu hors de chez elle, si je puis parler ainsi. Emportée par son ardeur guerrière, elle a promené ses drapeaux victorieux à travers tous les royaumes de l'Europe, ou, tourmentée de la soif d'apprendre, elle a envoyé ses plus nobles enfants étudier les mœurs, les lois, les coutumes, les sciences des peuples les plus célèbres, les productions des contrées les plus lointaines; ajoutant ainsi, chaque jour, à sa gloire militaire, aux richesses de sa littérature, au trésor de ses lois, aux productions de son sol ou de son industrie. Mais, reconnaissons-le, Messieurs, quelque légitime orgueil que nous puissions concevoir de ces différentes conquêtes, elles ne sauraient valoir à nos yeux la gloire que répandent sur notre belle patrie tant d'hommes vertueux et saints qu'elle a produits de siècle en siècle.

» Quelqu'éclat, en effet, que puissent jeter sur la France ses plus vaillants capitaines, ses savants les plus renommés, la conscience leur préférera toujours l'homme qui a dominé son siècle par l'exemple et par l'empire de sa vertu, comme les autres ont dominé leur époque par leur valeur et par leurs talents. Et telle est la force de ce juge intérieur que Dieu a établi dans notre ame, qu'il peut être un moment ébloui, séduit, entraîné, mais que tôt ou tard, reprenant son indépendance, malgré les vaines clameurs de la multitude, malgré les applaudissements irréfléchis des masses, il proclame grand, héroïque, l'homme modeste qui n'avait ambitionné que le bonheur d'être utile, que le calme de la vertu. Bénissons-en Dieu, Messieurs, car ce jugement, pour être quelquefois bien tardif, n'en est pas moins la meilleure sauvegarde des vrais intérêts de l'humanité. Les hommes, en effet, ne sont que trop portés à se laisser éblouir par ce qui brille; et, sans les arrêts de l'inflexible histoire, nos idées se fausseraient inévitablement; nous ne connaîtrions plus la vraie science, la vraie noblesse, la véritable grandeur. Mais le cours des âges emporte heureusement avec lui les préjugés, les illusions et les prestiges du moment. La vérité seule demeure, et l'opinion, cette reine du monde, assigne à chacun le rang qui lui appartient.

» Ce jugement de la postérité n'atteint pas, il est vrai, une foule de vertus humbles qui se sont bien souvent dérobées aux regards de leurs contemporains. Celles-là, Messieurs, au grand jour des assises de la justice éternelle, le souverain Juge des peuples et des rois saura bien les mettre en évidence et les présenter à l'admiration des nations assemblées devant lui....

» Mais il est des hommes tellement au-dessus des autres, que la postérité ratifie sans contrôle la gloire qui les a environnés pendant leur vie; je me trompe, elle les proclame plus grands, plus admirables encore qu'ils n'avaient paru jusque-là; et, en témoignage de sa haute estime et de son admiration sincère, elle multiplie leurs historiens, elle décore les rues, les places publiques de leurs noms devenus populaires; et convoquant un jour les populations des villes et des campagnes, elle leur dresse des statues d'autant plus durables, que ni l'intrigue, ni l'adulation, ni l'esprit de parti ne les ont élevées.

» Notre époque, Messieurs, dans ces jours d'une longue paix, se distingue particulièrement par la recherche et l'étude des siècles écoulés. Les sciences, les arts, l'histoire sont interrogés tour à tour; et, ravie des richesses sans nombre que son passé lui a léguées, la France du dix-neuvième siècle s'est imposé la tâche éminemment patriotique de remettre en honneur tant de gloires laissées dans l'oubli.

» On fouille les archives, on secoue la poussière des bibliothèques, on restaure nos vieux monuments, et, ce qui vaut mieux, on montre à la génération présente ses plus illustres aïeux, comme pour l'inviter à marcher sur leurs traces, dans les voies honorables du savoir et de la vertu.

» Cette étude rétrospective, où chaque jour des hommes sérieux apportent toute l'énergie de leur volonté, toute l'ardeur de leur intelligence, met sous nos yeux des pages de notre histoire dont le souvenir était à demi-effacé, ou dont l'importance et la valeur n'étaient qu'à demi-comprises. Alors le mouvement des affaires publiques, leurs causes réelles, leurs résultats certains, nous apparaissent enfin dans toute leur vérité. Et, semblables à des voyageurs qui, d'un sommet élevé, voient se dérouler sous leurs yeux le magnifique tableau des pays qu'ils viennent de parcourir, nous embrassons d'un seul coup-d'œil l'œuvre des siècles qui nous ont précédés. Le fond du tableau reste quelquefois vague ou obscur, il est vrai; mais la vue s'arrête, et l'esprit se repose sur quelques sommités qui dominent, et souvent un nom suffit pour nous rappeler une cité, un royaume, une époque, et pour les caractériser. C'est ainsi qu'on dira toujours : le siècle de Périclès, le siècle d'Auguste, de Charlemagne, de Léon X, le siècle de Louis XIV, parce que ces noms immortels ne se présentent à notre mémoire qu'accompagnés du brillant cortége de tout ce que leur siècle a produit de digne de l'attention des hommes. On aime à méditer en leur présence sur ce glorieux passé qu'ils résument si bien, et à refaire dans son esprit l'histoire des événements divers dont ils furent les principaux acteurs. C'est ainsi, Messieurs, qu'en présence des pyramides, ou au pied de la colonne d'Austerlitz, on se souvient des Pharaons de la vieille Egypte, ou du plus grand guerrier des temps modernes.

» Au milieu des richesses que l'histoire de la France met à notre disposition, chaque province, chaque ville va revendiquer les noms, les gloires qui lui sont propres ; une noble émulation ne permet à personne de rester en arrière, et il semble à tous, avec raison, que la gloire des ancêtres est le plus beau patrimoine de leurs enfants.

» C'est qu'aujourd'hui, plus qu'en aucun autre âge, le respect des grandes mémoires, le culte du génie, la reconnaissance des services éminents, sont devenus le devoir des peuples et des cités, aussi bien que des individus.

» Dijon, Messieurs, n'a pas attendu à ce jour pour se parer de l'illustration de ses fils. Semblable à la noble mère des Gracques, cette antique cité a depuis longtemps aimé à présenter à ses amis et à ses envieux les plus célèbres de ses enfants. Elle s'est appliquée à perpétuer leur souvenir; et les noms des Rameau, des Buffon, des Jehannin, des Chabot-Charny, des Frémiot, des Brulard, des Devosge, des de Brosses, des Godrans, des Saumaise, des Févret, des Crébillon, des Berbisey, des Vauban, mis chaque jour sous les yeux, et mêlés chaque jour aux affaires de la vie civile, ne peuvent plus désormais périr dans la mémoire des hommes.

» Mais au-dessus de tous ces noms, et de cent autres que j'aurais pu citer, brillent deux hommes bien autrement fameux, bien plus dignes encore du souvenir et des hommages de la postérité ; l'un né dans ces murs, l'autre dont nous apercevons d'ici le berceau ; l'un qui emprunte à son siècle l'empire auquel il le soumet, l'autre qui tire de son propre fonds l'ascendant irrésistible qu'il exerce sur son époque : tous deux bien supérieurs à leurs contemporains les plus illustres ; l'un par la vigueur de son génie, l'autre par l'éclat de son éloquence et par la sainte austérité de sa vertu..... Bossuet et saint Bernard!... qu'il suffit de nommer pour qu'aussitôt se retracent à la pensée de chacun leurs œuvres, leur influence et leur génie!..... Ces deux hommes, Messieurs, seront à jamais le plus bel ornement de leur siècle et la plus grande gloire de leur commune patrie.

» A cette époque du culte des souvenirs, ces deux grands hommes ne pouvaient pas être oubliés. Déjà nos rues redisent leurs noms, il est vrai ; mais ce souvenir presque vulgaire dans un pays si fécond en noms célèbres ne suffisait ni à leur mérite, ni au maternel orgueil de leur patrie. A des gloires sans rivales, il fallait des hommages sans pareils..... Préoccupés de cette nécessité d'honneurs, et interprètes des vœux de la cité, plusieurs de vos concitoyens se sont réunis pour provoquer le paiement de cette double dette patriotique ; et par leurs soins, un projet a été formé, une souscription a été provoquée, et la plus grande gloire de la France au moyen âge va recevoir, au milieu de vous et par vous, le plus bel hommage que des hommes puissent décerner à leurs semblables..... Une statue est élevée à saint Bernard !

» Il ne m'appartient pas, Messieurs, d'apprécier ce beau monument sous le rapport de son exécution artistique. Tous, vous pourrez le juger vous-mêmes..... Mais il m'est bien permis sans doute de me faire en ce moment l'écho des louanges qu'il a reçues d'hommes capables d'en comprendre les détails et l'ensemble.

» Exposée sur une des places de la capitale, la statue de saint Bernard n'a provoqué que des éloges ; maintenant qu'elle est élevée sur sa base, si capable elle-même de fixer votre attention, nous sommes assurés qu'elle n'en paraîtra que plus digne du talent bien connu de votre habile compatriote.

» Mais ce qui ne paraîtra pas, ce qui resterait ignoré si je ne le disais, c'est le désintéressement plus que généreux avec lequel MM. Lacordaire et Jouffroy se sont dévoués à cette œuvre.... Combien il est glorieux pour votre ville d'avoir vu deux de ses fils rivaliser ainsi de zèle et de dévouement pour la doter de ce monument admirable !

» A l'un la pensée, le projet, tout le plan de cette œuvre si complète et si belle ; à l'autre l'exécution qui doit animer ces blocs, et leur donner la vie et presque le mouvement et la parole ; tous deux unissant jusqu'à la fin leurs efforts, prodiguant leurs soins, dépensant généreusement leur temps pour l'amour de leur patrie et pour la glorification du plus illustre de ses enfants. Que notre reconnaissance, que la vôtre, Messieurs, les paient de leurs soins... Honneur à ce patriotisme si digne d'éloges ! Honneur aussi à ces hommes de cœur associés pour la construction d'une partie de la place St.-Bernard. Leur souscription de 4,500 francs a servi, avec celle du Roi, de fondement à la nôtre ; puisse-t-elle être généreusement imitée par toutes les sympathies qu'il nous est permis d'invoquer de nouveau, au nom de la patrie, de la vertu, de la Foi et de St. Bernard !

» Un jour, sans doute, Bossuet sera à son tour l'objet d'une semblable fête. Le conseil municipal de notre cité a revendiqué pour lui l'accomplissement de ce devoir ; nous avons dû céder à cette prétention si légitime, et renoncer à poursuivre nous-mêmes un projet dont nous nous féliciterons toujours d'avoir, les premiers, conçu la pensée.

» Mais en ce jour, nous aimons à le redire à nos

magistrats municipaux, nos vœux, nos sympathies leur sont acquises à l'avance. Car, si nous admirons, si nous vénérons, si nous aimons St. Bernard, nous admirons, nous aimons aussi Bossuet; et nous nous associerons aux hommages publics que l'administration municipale s'est réservé le droit de lui offrir.

» Puisse cette noble émulation à célébrer les gloires de la patrie animer toujours et de plus en plus tous les cœurs! Quand on sait si bien apprécier les talents, le génie et la vertu, n'est-ce pas déclarer qu'on s'estimerait heureux de les posséder soi-même? n'est-ce pas s'engager en quelque sorte à s'efforcer de les acquérir?....

» Et c'est précisément là, Messieurs, ce qui rend ces solennités doublement intéressantes pour quiconque comprend et affectionne les vrais intérêts du pays. En nous rappelant ce passé si digne de notre attention, elles nous permettent d'espérer, elles semblent nous garantir un avenir non moins honorable; et, répandant sur le présent lui-même un reflet de la gloire écoulée, ces fêtes prêtent aux hommes réunis pour les célébrer quelque chose du mérite de ceux qu'ils savent si dignement honorer.

» En ce moment, Messieurs, le président de la Commission du monument de St. Bernard se souvient avec bonheur qu'il est évêque de Dijon; et, si comme homme de la cité il a dû prendre part à cette patriotique manifestation, comme évêque, c'est-à-dire comme gardien des mœurs et de la Foi, il n'a pu qu'en éprouver la satisfaction la plus douce. Devenu vôtre par notre consécration et par la mission que l'Eglise nous a envoyé remplir au milieu de vous, nous nous sommes identifié de cœur à vos intérêts les plus chers, et rien de ce qui vous arrive ne peut nous être indifférent. Renfermé par goût autant que par devoir dans les saintes fonctions de notre ministère pastoral, nous n'en sommes pas moins préoccupé de vous, de vous tous, et toujours, et si nous ne nous mêlons pas comme Josué au mouvement de vos affaires civiles; comme Moïse, nous élevons fréquemment nos mains vers l'arbitre suprême des destinées des hommes, et nous le conjurons de vous accorder des jours paisibles et prospères. Or, ce vœu quotidien de notre sollicitude et de notre affection, la solennité de ce jour nous semble merveilleusement propre à en faciliter l'accomplissement.

» Ici, en effet, Messieurs, comme à Vézelay, comme à Spire, Bernard nous montre le Ciel, et nous invite à le mériter. Cette fois il ne s'agit pas de quitter sa patrie ou sa famille, pour marcher à de périlleux combats sur une terre lointaine, où la perfidie a dressé plus d'embûches que la guerre n'y pouvait préparer de dangers... Non, restez dans votre douce patrie, au sein de vos familles bien-aimées: jouissez de tous les biens que le Seigneur vous a donnés; seulement souvenez-vous du Ciel; et pour raviver en vous ce souvenir salutaire, laissez-moi vous citer deux mots que St. Bernard s'adressait souvent à lui-même pour se préserver du mal et pour s'encourager au bien : *Ad quid venisti?* Pourquoi êtes-vous dans ce monde, dans cette carrière, dans cette condition?.... Que la vue de sa statue vous les rappelle quelquefois ces deux mots si simples!... Ils l'ont conduit à la perfection ; puissent-ils nous animer tous à la pratique de la vertu. Et remarquez, s'il vous plaît, Messieurs, de quel lieu St. Bernard nous adresse cette invitation qu'il adressa jadis aux grands, aux puissants du monde, aux princes, aux rois, aux papes eux-mêmes, avec la sainte liberté d'un Apôtre.

» C'est à la vue de ces riantes et fécondes campagnes qui, chaque année, vous prodiguent leurs trésors ; c'est à l'entrée de votre ville, où le commerce et l'industrie rivalisent d'application et de zèle ; c'est enfin en présence de l'avenir brillant que semble vous promettre cette voie prodigieuse qui, traversant les montagnes et les vallées, conduira à vos portes les produits variés du nord et du midi, pour les répandre de là, par un heureux échange dont Dijon serait le siège, vers les contrées qui jusqu'ici en avaient été privées..... Ah! sans doute, Messieurs, la religion ne peut que s'intéresser à ces œuvres de l'intelligence humaine. Elle appelle sur les campagnes la rosée du matin, les ardeurs du midi et les tièdes ondées du soir. Elle bénit avec bonheur toutes les professions où s'exerce la population des villes; elle aime à ouvrir, par ses prières, ces voies rapides de communication qui abrègent les distances, rapprochent et tendent à confondre en une seule famille les provinces d'un même empire, les empires d'un même hémisphère, les deux hémisphères eux-mêmes.... Mais en appelant de tous ses vœux, sur ces travaux divers, sur toutes ces entreprises utiles, les bénédictions du Tout-Puissant, elle nous redit sans cesse, dans sa sollicitude maternelle : *Pourquoi?*.... La science, la gloire, la fortune sont bonnes, sans doute ; mais il est quelque chose de meilleur qu'elles...... c'est votre ame...... Votre ame! N'oubliez pas *pourquoi* elle a été faite. *Ad quid?*.... Destinés au Ciel, cherchez avant toute autre chose à le mériter, c'est saint Bernard qui vous y convie..... Je ne fais que vous répéter ses paroles ; mais jamais, Messieurs, non jamais une voix plus amie ne pourra vous les redire.... Puisse l'aspect de sa statue vous les rappeler quelquefois, vous les rappeler utilement!!!... Tombez donc, voiles légers qui nous dérobez cette noble image; laissez-nous voir enfin celui que cette assemblée tout entière veut saluer avec amour et respect, comme un compatriote, comme un modèle, comme un ami, comme le protecteur de son peuple; saint Bernard est la joie d'Israel, et la gloire de sa patrie : *Tu, gloria Jerusalem ; tu, lætitia Israël; tu, honorificentia populi nostri!...* (Judith.) »

A peine ce discours est-il achevé que toutes les têtes se retournent du côté de la statue ; son voile tombe.

Le monument est découvert ; la statue, les bas-reliefs, les ornements, tout apparaît à la fois. L'assemblée demeure muette d'étonnement et d'émotions. En même temps le soleil, qui depuis deux jours ne s'était pas montré, perce les nuages et vient illuminer de ses plus éclatants rayons ce magnifique tableau.

La surprise, l'approbation, les éloges ont été spontanés, pompeux, universels. Pas un Dijonnais, pas un Bourguignon qui n'ait relevé la tête avec fierté devant cette merveilleuse composition, devant cette œuvre si grandiose et si monumentale, désormais l'un des plus beaux ornements de la cité et de la Province.

C'est alors que M. le Président de l'Académie, à la vue du grand homme et du grand saint sur lequel tous les regards étaient encore fixés, a prononcé un remarquable discours, dans lequel il résume la vie, les travaux, le génie, les vertus de St. Bernard.

« Monseigneur,

» Messieurs,

» A la vue de ce monument qui frappe vos yeux et leur découvre l'image révérée du saint apôtre dont le nom est consacré dans nos temples, une pensée se présente d'abord à vos esprits. Comment cet homme qui remua et domina son siècle, qui dicta ses préceptes aux souverains pontifes, qui fut le guide des rois et l'organe des conciles, cet homme dont les vestiges sont empreints encore sur notre sol où il prit naissance, comment se fait-il qu'il reçoive si tardivement dans cette cité l'hommage public d'un monument que l'on élève à sa mémoire ?

» Ah Messieurs! dans le moyen âge les images des saints docteurs étaient placées sur les autels : c'était là que la vénération des peuples aimait à les contempler. Et les effigies des rois, des princes, des grands personnages qui avaient excellé parmi les hommes, ne respiraient que sur leurs tombeaux. La religion recommandait plus manifestement ces splendeurs éteintes au souvenir et aux prières des vivants ; c'était à elle seule qu'il était réservé de consacrer et de bénir toutes les gloires, même les gloires du siècle.

» Quant à l'âge qui nous a immédiatement précédés, osons le dire, il avait perdu le sens et le sentiment de ces choses. L'oubli! voilà tout ce qu'il accordait aux vieilles gloires de la patrie, quand il ne leur insultait pas.

» Plus heureux notre âge où le sentiment de ces gloires revit, où l'on rend pleine justice aux œuvres des vieux temps, où le sens intime du beau a fait renaître même l'admiration des hommes pour ces œuvres muettes, pour ces antiques et augustes basiliques, monuments éternels du génie de nos pères !

» Que disent en effet ces statues que l'on dresse aujourd'hui de toutes parts aux grands hommes de la France? Ne nous disent-elles pas que le dix-neuvième siècle est destiné à recueillir pieusement les souvenirs de notre patrie, de cette grande nation française qui, touchant par ses origines aux débris de l'empire romain, a illuminé de son flambeau et dirigé dans sa marche de treize siècles toutes les nations d'Occident, qui les a précédées dans toutes les grandes choses accomplies en cet intervalle? Heureux cet âge, disons-nous, qui sent si bien les grandeurs passées! S'il en honore le souvenir, c'est qu'il veut les imiter.

» Et quel plus grand nom, Messieurs, a été jamais proposé à votre admiration que celui auquel vous rendez ces solennels honneurs?

» Homme d'action, Bernard fut le moteur, il fut l'ame de son siècle; et les hommes célèbres de ce siècle de Louis-le-Jeune, dont chacun mérita le nom de grand, quand on prononce le nom de Bernard, ne servent plus que de décoration à son monument. Tous, en effet, reçurent l'impulsion de son génie. Les papes, comme les rois, voulurent recueillir les leçons de sa sagesse. Ses monastères furent les séminaires des évêques. Il traça de sa main la règle des Ordres militaires qui portèrent l'héroïsme de la France, avec l'étendard de la croix, dans l'antique Orient. Il apaisa les schismes par son seul suffrage, en se déclarant pour le légitime pontife. Il fit cesser, par la seule autorité de sa parole, les guerres publiques et privées qui désolaient l'Occident. De toute l'Europe on consulta sa science, et Bernard ne parut dans l'Italie, dans la Germanie, qu'en entraînant les peuples sur ses pas. Quel solitaire fut plus mêlé au mouvement du monde et eut plus de part aux grands événements qui se déroulèrent sur cette scène agitée ? Mais quel homme d'action se recueillit davantage dans le sein de Dieu, et fut plus que Bernard l'homme de la méditation et de l'ascétisme ?

» Homme de sainteté et docteur de l'Eglise, passant de la Cour des rois dans la solitude du cloître, sa grande ame, comme un lac tranquille, n'avait pas même été effleurée par les orages du monde. Bernard s'était fait au-dedans de lui une retraite inviolable. De sa cellule, en même temps qu'il conduisait ses cénobites dans les voies de la perfection chrétienne, il écrivait au Souverain Pontife des lettres de direction qui étaient reçues dans Rome comme autant d'oracles; il transmettait ses conseils aux princes de la terre avec la liberté évangélique; il composait ses traités de dogme et de morale, qui font encore l'enseignement de l'Eglise et qui ont marqué sa place parmi les plus admirables interprètes de la loi chrétienne.

» Homme enfin de haute intelligence comme de profonde doctrine, il sut reconnaître le germe périlleux qui circulait dans les thèses de l'école où l'on se proposait dès-lors d'expliquer les mystères du Christianisme par le syllogisme et le raisonnement humain. Bernard, avec la supériorité de son génie, découvrit le venin subtil qui atténuait la foi chrétienne par l'exégèse philosophique. Il réprima ce naissant rationalisme de l'école qui commençait à se produire, sous prétexte d'une exposition plus intelligible et plus rationnelle des dogmes sacrés.

» Homme de cœur, de foi et d'action, saint et docteur

de l'Eglise, philosophe et orateur, conseiller des rois, précepteur des papes, évangélisateur des peuples, Bernard a donc rassemblé toutes les gloires chrétiennes et humaines. Lui seul résume cette époque de Louis-le-Jeune, qui fut, de tout le moyen âge, la plus féconde en grands hommes.

» Vous réparez aujourd'hui, Messieurs, l'injure du dernier siècle qui avait négligé et mis en oubli cette grande renommée. Car je ne parle pas du dix-septième, où le pieux et savant Mabillon multipliait les écrits du saint docteur, qu'il proclamait le plus éloquent des Pères d'Occident.

» Et quelle cité méritait mieux que la nôtre d'ériger ce monument qui appartiendra désormais à toute la France! C'est à la vue de ces murs, c'est sur ce roc féodal, le manoir de ses ancêtres et dont ils portèrent le nom, que naquit Bernard de Fontaines. Ce fut parmi les forêts de Cîteaux que vous pouvez apercevoir dans cet horizon, ce fut là qu'il commença sa carrière évangélique et ouvrit son ame à ces méditations qui plus tard furent la leçon des peuples et des rois. C'est dans cette cathédrale, alors l'un des plus illustres asiles monastiques de l'Occident, que la bienheureuse Aleth, mère de saint Bernard, reçut la sépulture. Et, si les restes mortels de notre grand compatriote reposèrent dans le sein de sa fille spirituelle, dans le monastère de Clairvaux, d'où Bernard passa à une meilleure vie, nous apprenons du biographe contemporain que la dépouille de sa pieuse mère, portée par les champêtres habitants de Fontaines, vint s'abriter dans notre enceinte, sous les voûtes de cette célèbre abbaye de Saint-Benigne, où cette dépouille sacrée repose peut-être encore sous l'œil de Dieu, bien qu'ignorée et méconnue par l'outrage du temps et des hommes (1).

» Solennisons donc aujourd'hui, Messieurs, la mémoire du grand homme, l'éternel honneur de cette cité, de la Bourgogne, de la France, de tout l'Occident. Qu'à la vue de ce monument, l'étranger, visitant nos murs, bénisse le sol qui donna naissance aux deux derniers Pères de l'Eglise, saint Bernard et Bossuet; qu'il admire cette terre privilégiée, de tout temps féconde en grands personnages. Et nous, Messieurs, en consacrant leurs noms et leur mémoire au souvenir de tous les âges, nous croirons que cette terre n'est point épuisée, qu'elle porte encore en son sein le germe des vertus qui sont la sauve-garde de l'Etat, la décoration des empires, et la plus précieuse partie du patrimoine national.

» C'est en ressuscitant les vieilles gloires de notre patrie que nous répandrons en effet, sur ce sol maternel et vénéré, la semence de gloires semblables. Puisse donc cette cité produire encore des hommes, sinon tels que Bernard, des hommes du moins qui fassent honorer le nom de la France dans tout l'univers chrétien ! »

Après ce discours, et pendant que la musique exécutait des morceaux d'harmonie, les Membres de la Commission sont descendus de leur estrade, et précédés et accompagnés d'une haie de militaires, ils se sont rendus

(1) Quelques témoignages indiquent qu'environ un siècle après la mort de saint Bernard, les reliques de la bienheureuse Aleth furent transportées de l'abbaye de St.-Benigne à Clairvaux, près de celles de son fils. Nous laissons ce fait à vérifier.

aux pieds de la statue. Tous pourtant n'ont pu, malgré l'appui des soldats, se frayer un passage, et arriver avec les autres jusqu'au monument, tant il était difficile d'ouvrir les flots de cette incroyable multitude.

Là, le procès-verbal de l'érection du monument a été lu par M. Rossignol, Membre de l'Académie.

Sous le règne de LOUIS-PHILIPPE Ier, Roi des Français, le dimanche sept du mois de novembre mil huit cent quarante-sept,

Les Membres du Comité chargé de pourvoir à l'érection d'un Monument à St. Bernard, sur un terrain donné par M. et Mme Lacordaire :

Mgr. François-Victor Rivet, évêque de Dijon, président ;

MM. le baron Roussin, amiral et pair de France ;

De la Tournelle, premier président de la Cour royale de Dijon, député de l'Ain ;

Le baron Nau de Champlouis, pair de France, préfet de la Côte-d'Or ;

Le comte de Montalembert, pair de France ;

Le duc d'Harcourt, pair de France ;

Saunac, député de la Côte-d'Or ;

Le comte Charles de Vogué ;

Le comte d'Audiffret, ex-receveur général de la Côte-d'Or, de l'Académie des Sciences, Arts et Belles-Lettres de Dijon, receveur des finances de la Loire-Inférieure ;

A. Lucy, receveur général des finances de la Côte-d'Or ;

Brifaut, de l'Académie française ;

Le marquis de St.-Seine ;

Le comte de Brosses;

Mathias, conseiller à la Cour royale de Paris;

De St.-Mesmin, de l'Académie des Sciences, Arts et Belles-Lettres de Dijon;

Th. Foisset, juge d'instruction à Beaune, de l'Académie des Sciences, Arts et Belles-Lettres de Dijon;

Guillemin, avocat à la Cour royale de Paris;

Adrien-Léon Lacordaire, architecte;

Mazeau, notaire honoraire à Dijon;

C. Rossignol, archiviste de la Côte-d'Or, de l'Académie des Sciences, Arts et Belles-Lettres de Dijon;

En présence des personnes les plus distinguées de la société dijonnaise, de MM. les généraux commandant la 18e division militaire et le département de la Côte-d'Or, de l'état-major de la division, de la place et de la garnison, de l'Académie des Sciences, Arts et Belles-Lettres de Dijon, d'un immense concours de peuple de la ville et des campagnes,

Ont procédé à l'inauguration du monument élevé à saint Bernard, notre compatriote, appelé *par ses contemporains* Père de la Patrie, Oracle de l'Occident; qui en fut l'homme le plus simple, et dont la parole pleine d'amour était à la fois énergique et indépendante.

La statue de St. Bernard et les personnages du bas-relief sont dus à M. Jouffroy, sculpteur, sorti de l'Ecole dijonnaise.

Le Monument, dans son projet, dans son ensemble et dans ses détails, est l'œuvre de M. Lacordaire, architecte dijonnais.

Les ornements de l'architecture ont été sculptés par M. Auguste Forey, sculpteur dijonnais.

Après les discours de Mgr. l'Evêque et de M. le Président de l'Académie, les Membres du Comité présents ont signé ce procès-verbal au pied de la statue :

† François, évêque de Dijon, président du Comité.

Nau de Champlouis, préfet de la Côte-d'Or.

Saunac, député de la Côte-d'Or.

Comte Charles de Vogué.

Marquis de Saint-Seine.

A. Lucy, receveur général des finances.

De St.-Mesmin.

Mazeau.

Th. Foisset.

A.-L. Lacordaire.

C. Rossignol, secrétaire de la Commission.

Jouffroy.

Ont également signé :

MM. le général Boyer, maréchal-de-camp, commandant par intérim la 18e division militaire.

Le général Vesco, maréchal-de-camp, commandant le département de la Côte-d'Or.

Bouaissier de Bernouis, intendant de la 18e division militaire.

Ripert, colonel du 25e d'infanterie légère.

De Courbeville, lieutenant-colonel du même régiment.

Vouzeau, chef de bataillon du génie.

De Tarlé, chef d'escadron, commandant le dépôt de recrutement.

Legay d'Arcy, chef d'escadron de gendarmerie, commandant de la compagnie.

Petitot, chef d'escadron au Corps royal d'état-major.

Frantin, président de l'Académie des Sciences.

Nault, ancien procureur général.
Le général Bony.
Victor Dumay, maire de la ville de Dijon.
Goujon, architecte.
Chevrot, architecte.
L'abbé Colet, vicaire-général.
L'abbé de la Borde, vicaire-général.
L'abbé Moreau, curé de la cathédrale.

Ainsi qu'un grand nombre d'officiers de l'état-major, de la gendarmerie et de la garnison, les entrepreneurs du monument, et d'autres personnes honorables.

Après la lecture, ce procès-verbal a été immédiatement placé dans un tube en verre, puis enfermé dans une boîte en plomb soudée sur place et aussitôt déposée dans un vide laissé tout exprès dans l'intérieur du piédestal, dont une large pierre, préparée à l'avance, a fermé l'ouverture : il était quatre heures moins un quart quand le président de la Commission a scellé cette pierre de ses propres mains.

La Commission et les autorités civiles et militaires se sont retirées ; mais la multitude n'était point encore satisfaite : elle s'agitait ; tous ensemble voulaient approcher du monument et le considérer de près.

C'est le moment de le faire connaître d'une manière plus spéciale.

Saint Bernard appartient à la Bourgogne. Né à Fontaines-lez-Dijon, en 1091, d'une race de chevaliers, il préféra la science à la guerre, parut avec éclat dans cette Université de Paris, alors la première école de l'Univers; puis, à vingt-deux ans, brave, éloquent, admiré, s'ensevelit à Cîteaux, jusque-là le plus pauvre et le plus obscur des monastères, dont il fit bientôt l'une des capitales du monde Chrétien.

Garat (j'en citerais un autre, si j'en connaissais un moins suspect de partialité en faveur d'un saint), Garat a tracé de lui ce portrait :

« Nul homme n'a peut-être exercé sur son siècle un ascendant aussi extraordinaire. Entraîné vers la vie solitaire et religieuse par un de ces sentiments impérieux qui n'en laissent pas d'autres dans l'ame, il alla prendre sur l'autel toute la puissance de la religion. Lorsque, sortant de son désert, il paraissait au milieu des peuples et des Cours, les austérités de sa vie, empreintes sur des traits où la nature avait répandu la grâce et la force, remplissaient toutes les ames d'amour et de respect. Il triomphait de toutes les hérésies dans les conciles; il frappait de terreur les courtisans jusqu'au pied du trône; il faisait fondre en larmes les peuples au milieu des places publiques. Son éloquence paraissait un des miracles de la religion qu'il prêchait. L'Eglise, dont il était la lumière, semblait recevoir les volontés divines par son entremise. Les rois et les ministres, à qui son inflexible sévérité ne pardonna jamais un vice, et ne fit jamais grâce d'un malheur public, s'humiliaient sous ses réprimandes, comme sous la main de Dieu même; les peuples, dans leurs calamités, allaient se ranger autour de lui, comme ils vont se jeter aux pieds des autels. »

Tel est l'homme auquel Dijon élève enfin un monument digne de lui.

On le voit, St. Bernard ne fut pas un grand homme isolé, étranger à son siècle : il domina ce siècle, il le *gouverna* durant trente-cinq ans. C'était donc une idée heureuse et juste de nous le montrer tel qu'il fut, le monarque de la pensée publique, porté comme sur un pavois par ceux de ses contemporains dont l'action s'unit jadis à la sienne : par le pape Eugène III, son élève; par le roi de France et le duc de Bourgogne, ses fils spirituels ; par les deux plus grands hommes de l'Etat et de l'Eglise à cette époque, Suger et Pierre-le-Vénérable, assez grands tous deux pour être demeurés ses émules et ses amis; enfin, par le premier Grand-Maître de l'Ordre du Temple, pour ainsi dire armé chevalier de sa main.

Tout le monument est dans ce peu de mots. Il remplit, ce nous semble, au plus haut degré la première condition d'un monument populaire : la pensée en est simple et saisissante ; tout le monde comprend tout de suite et sans commentaires.—Le sujet, c'est St. Bernard, dominant son siècle.—St. Bernard est debout ; sa main droite s'étend vers le peuple; son autre main presse la croix contre sa poitrine ; son œil est inspiré. C'est bien ainsi que notre imagination se le représente à Vézelay, prêchant la délivrance du tombeau de J.-C., entraînant les rois et les peuples à l'une de ces Croisades tant méconnues du xviiie siècle, qui n'en ont pas moins hâté en France l'abolition du servage, et fondé en Orient ce long ascendant de notre nom qui fait que l'Europe entière s'appelle aujourd'hui encore chez les Turcs le pays des Francs (1). —Au-dessous de lui, le pape, entre le roi de France et le duc de Bourgogne, ces deux fils aînés de l'Eglise. A côté du Roi, Suger, le plus sage et le plus irréprochable des ministres de la royauté. A côté du Duc, Pierre-le-Vénérable, abbé de Cluny, la métro-

(1) Frankistan.

pôle monastique de la Bourgogne avant St. Bernard. Entre Pierre-le-Vénérable et Suger, le Grand-Maître du Temple, à la fois moine comme eux et chevalier, s'appuyant martialement sur son épée. Voilà bien tout le siècle de St. Bernard; voilà bien son cortège naturel : le Pape y représente l'Eglise universelle; le Roi, la France; le Duc, la Bourgogne; le Grand-Maître, la chevalerie; Pierre et Suger, la science, l'éloquence et la vertu.

On n'attend pas de nous une vie de St. Bernard et des six personnages dont nous venons de rappeler les noms : St. Bernard, à lui seul, voudrait plus d'un volume. Nous ne le montrons donc pas défrichant de ses propres mains le désert de Clairvaux, d'où s'échappent une foule de colonies religieuses; devenu comme le second fondateur de Cîteaux, ce monastère bourguignon qui commanda un jour à trois mille deux cents monastères et à des Ordres de chevalerie sans nombre; choisi par un concile pour rédiger les statuts des Templiers; appelé à prononcer entre deux élections qui partagent l'Europe, décidant qu'Innocent II est le vrai pape, et rangeant toute l'Eglise à son avis; réfutant les erreurs d'une belle intelligence, Abailard, et loin de le persécuter, comme on l'a dit, accueillant son repentir et obtenant son amitié (1); enfin tenant la Chrétienté dans sa main et la précipitant comme un seul homme sur

---

(1) Lettre de Pierre-le-Vénérable, trad. par M. Lorain (*Essai sur l'Abbaye de Cluny*, 1re édit., pp. 135, 136. — FLEURY, *Hist. Ecclés.*, liv. LXVIII, n. LXVIII.

l'Asie musulmane (1). Mais nous emprunterons à l'un des biographes de St. Bernard une citation que nous voudrions voir plus connue. Elle est tirée d'une chronique écrite en hébreu par un juif contemporain, et qui commence ainsi :

« Moi, Jeschua Ben-Meir, je suis né au mois de tebeth 5257. Ma famille appartient à la race sacerdotale...

» Lorsque les Occidentaux apprirent que les Turcs avaient repris Edesse, ainsi que d'autres terres de Juda, conquises autrefois par les incirconcis, le pape Eugène envoya de tous côtés des messagers pour dire aux rois et aux peuples : Que faites-vous? Les calamités sont à leur comble, et vous n'en êtes pas émus? Courage! Partez pour la terre d'Israël, exterminez les Turcs, et retranchez-les du nombre des nations! — Alors le prêtre Bernard alla de ville en ville, et porta en tous lieux les soupirs des incirconcis d'Orient....

» Mais ce temps-là fut pour la maison de Jacob un temps de désolation et de deuil ; car un prêtre, nommé Rodolphe, vint prêcher en Allemagne, afin de marquer d'un sceau particulier tous ceux qui s'engageaient à combattre pour Jérusalem. Ce méchant homme excita le peuple, par de véhéments discours, à exterminer ceux d'entre nous que les premières persécutions avaient épargnés....

(1) « N'apercevoir dans les Croisades que des pélerins armés pour délivrer un tombeau en Palestine, c'est montrer une vue très-bornée. Il s'agissait non-seulement de la délivrance de ce tombeau sacré, mais encore de savoir qui devait l'emporter sur la terre ou d'un culte ennemi de la civilisation, favorable par système à l'ignorance, au despotisme, à l'esclavage, ou d'un culte qui a fait revivre chez les modernes le génie de la docte antiquité et abolir la servitude. » (CHATEAUBRIAND.)

» Le seigneur Dieu se laissa fléchir par les gémissements de son peuple. Il suscita le sage Bernard, de Clairvaux, ville de France. Ce prêtre les apaisa, et leur dit : Marchez sur Sion ; défendez la tombe de notre Christ ! Mais ne touchez pas aux Juifs, *et ne leur parlez qu'avec bienveillance ;* car si vous les molestez, vous risquez d'irriter le Seigneur dans la prunelle de son œil !....

» Ainsi parlait le sage ; et sa voix était puissante, car il était aimé et respecté de tous. Ils l'écoutèrent donc, et le feu de leur colère se refroidit. Le prêtre Bernard n'avait cependant reçu ni argent ni rançon de la part des Juifs ; c'était son cœur qui le portait à les aimer, et qui lui suggérait de bonnes paroles pour Israël (1). »

Nous avons encore deux lettres où éclate l'horreur de St. Bernard contre la persécution religieuse. « Lors même que les Juifs seraient idolâtres, s'écrie-t-il, il faudrait encore les supporter, et non les égorger (2). » Pour nous, qui d'ailleurs n'avons pas oublié la protection qu'il donna spécialement aux Juifs de la Bourgogne (3), si nous avions dû inscrire quelques paroles de Bernard sur la base de son monument, ce seraient celles-là.

Eugène III est un pape des anciens jours. Jadis moine

---

(1) L'original de ce document, écrit en hébreu, a été imprimé à Venise en 1554, puis à Amsterdam, chez Proops, en 1730. — Voy. Wilken, *Beilage zur Geschichte der Kreuzzüge* (*Band* 3, p. 42) et M. Ratisbonne, *Hist. de S. Bernard*, chap. xxxvi.

(2) *Sustinendi forent, potiùsquàm gladiis expetendi* (S. Bernard, epist. ccclxiii).

(3) Gandelot, *Hist. de Beaune*, p. 89.

à Clairvaux, il y revint souverain Pontife, et y vécut en simple religieux. Sous les ornements de sa dignité, il ne quittait point le cilice; son lit était couvert de pourpre, mais par-dessous il n'était garni que de paille battue et de draps de laine. Il présida plusieurs conciles en France et en Allemagne, et assista chez nous en 1148 au Chapitre général des abbés de Cîteaux, non comme président, mais comme l'un d'entre eux. Ce fut lui qui publia la seconde Croisade et la fit prêcher par St. Bernard en France et au-delà du Rhin. C'est pour lui que l'abbé de Clairvaux a écrit son plus admirable ouvrage, son livre sur les devoirs de la papauté. Le disciple et le maître moururent la même année (1153). Suger les avait devancés d'un an.

Le roi de France était alors Louis VII, prince honnête homme, ami des petits et des faibles. Il prit la croix à la voix de St. Bernard, en expiation des cruautés commises par ses troupes dans la guerre contre Thibaut, comte de Champagne; et si l'habileté lui fit défaut dans son expédition d'outre-mer, au moins ne manqua-t-il pas de bravoure. Resté presque seul sur le champ de bataille, il s'adossa contre un arbre et repoussa les Musulmans avec tant de vigueur qu'il eut le temps d'y monter, et sut faire si bien que ceux qui tentèrent de monter après lui s'éloignèrent bientôt en admirant son courage. Sa loyauté avait éclaté dans son refus de se venger de la perfidie grecque par la prise de Constantinople. Sa modestie ne parut pas moins lorsqu'il déféra aux barons l'élection du généralissime de la Croisade, et donna l'exemple de l'obéissance à un simple gentilhomme. L'antagonisme de la France et de l'Angleterre, commencé avec la conquête de Guillaume vers le milieu du onzième siècle, n'atteignit, dit M. Michelet, toute sa violence que sous Louis VII. Mais c'est la gloire de ce roi de n'avoir pas succombé dans la lutte, en face d'un adversaire comme Henri II, vainqueur de l'Ecosse, conquérant de l'Irlande, maître du chef de son père et par sa femme de tout le littoral de France, depuis la Normandie jusqu'à la Gascogne.

Rien ne ressemblait plus au roi Louis que son cousin le duc de Bourgogne. Hugues II (1), surnommé le Pacifique, appartenait, comme on sait, à cette branche collatérale des premiers Capétiens, trop peu célébrée par l'histoire ; modeste et pieuse dynastie où la droiture était héréditaire et dont l'épée ne fit jamais défaut à la Chrétienté ni à la France. Hugues II se distingua entre tous ceux de sa race par son amour de la paix et de la justice : il fit quarante ans le bonheur de notre pays. On le vit restituer des biens usurpés, des tributs injustement perçus. Les plaintes des plus humbles villageois trouvaient son oreille attentive et son ame secourable. On cite une contestation où il était partie et dont il remit la décision à son conseil. Condamné par cette juridiction volontaire, il n'hésita point à exécuter la sentence. Ce règne de près d'un demi-siècle, peu chargé d'événements comme tous les règnes heureux, s'écoula tout entier sans guerre, chose prodigieuse au moyen âge. Le grand fait de cette longue et glorieuse vie, c'est l'entrée de St. Bernard à Cîteaux, le Saint Denys de nos

(1) Pour plus de détails sur la vie et le règne de ce prince, voyez pages 125 et suivantes du tome 1er de la Description de Bourgogne par Courtépée; nouvelle édition publiée par Victor Lagier, éditeur ; 4 vol. in-8°. Prix : 26 fr. (Se trouve à Dijon, chez Décailly, libraire-éditeur.)

ducs de la première branche. La place de Hugues-le-Pacifique était donc marquée aux pieds de St. Bernard.

Suger aussi devait y avoir la sienne. Nommé abbé de St.-Denys, malgré son humble naissance et sa mauvaise mine, il avait pris les manières et le luxe d'un grand seigneur ; ce qui n'étonne pas ceux qui savent qu'au point de vue féodal, l'abbé de St.-Denys était un souverain qui avait les Montmorency pour vassaux. Converti par St.-Bernard, Suger étonna le monde par son austérité vigilante. Ce gardien si exact de la régularité monastique ne le cédait pas à Richelieu pour le génie des affaires, et lui était bien supérieur par la conscience. Il entendait les négociations, les finances, la guerre même. Son habileté incontestable et sa vertu décidèrent Louis VII, partant pour la Palestine, à lui confier la régence de ses Etats. Suger répondit si bien à la confiance du Prince, que tout en ménageant le trésor royal, et sans charger ses peuples, il sut fournir aux frais de cette guerre lointaine et pourvoir à tous les besoins du royaume. Jamais l'Etat n'avait été plus riche que sous son administration. Ami des communes, il aida, par une sage politique, au mouvement qui préparait l'affranchissement des villes, servant ainsi à la fois les rois et les peuples.

Pierre de Montboissier, surnommé le Vénérable, avait été fait abbé de Cluny la même année que Suger fut élu abbé de St.-Denys ; il fut comme lui le réformateur de son Ordre. Il n'avait qu'un an de moins que St. Bernard, auquel on l'a souvent comparé quoiqu'ils n'eussent presque rien de semblable, comme on compare toujours Fénélon à Bossuet. C'est ce qui rend doublement touchante l'amitié si tendre et si fidèle de Pierre et de Bernard, malgré les rivalités de Cluny et de Cîteaux. Comme l'abbé de Clairvaux, Pierre se prononça pour Innocent II, bien que l'anti-pape Anaclet, compétiteur du pontife, eût été cluniste ; admirable et entraînant exemple. Tout le monde connaît son indulgente condescendance pour Abailard. Un de nos compatriotes a fait connaître et aimer ses écrits dont le plus curieux peut-être est la réfutation du Koran, traduit pour la première fois par les soins de Pierre-le-Vénérable. Homme laborieux, dit le moderne historien de Cluny, merveilleusement actif, vertueux sans rudesse, abstinent sans rigueur, apportant à tout les tempéraments de son caractère ; d'une humeur égale et clémente, d'une bienveillance universelle, d'une miséricorde sans mesure.

Il nous reste à parler d'un dernier personnage.

Dix-neuf ans après la conquête de Jérusalem, neuf compagnons d'armes de Godefroy de Bouillon s'étaient présentés au patriarche de la ville sainte, et avaient fait vœu entre ses mains de défendre les pèlerins contre la cruauté des Infidèles, de pourvoir à la sûreté des chemins de Palestine et de défendre la Religion dans la chasteté, la pauvreté et l'obéissance. Baudouin II, roi de Jérusalem, leur donna une maison proche du temple de Salomon, d'où ils prirent le nom de Templiers. Dix ans plus tard, Hugues de Payens, leur chef, repassait les mers pour faire approuver son institut par l'Eglise, et St. Bernard était chargé par le concile de Troyes de donner une règle à ces chevaliers. C'est tout ce que nous savons du premier Grand-Maître du Temple : mais cela suffit à sa mémoire.

Voilà pour la partie historique; comment les arts ont-ils reproduit ces représentants du xiie siècle?

Le monument de St. Bernard est situé au nord-ouest de Dijon, dans le nouveau quartier dédié à ce grand homme, sur un emplacement disposé d'une manière toute spéciale pour la perspective.

Lorsqu'on franchit la vieille enceinte de la ville, pour entrer sur la place St.-Bernard, l'aspect du monument qui se dessine sur le ciel et se dresse comme un colosse au fond de cette magnifique avenue a quelque chose de saisissant.

Du haut de son piédestal, St. Bernard parle vraiment à la foule attentive, et chaque personnage, sculpté dans la pierre au-dessous de lui, dans une attitude pleine de calme, de naturel et de dignité, semble recueillir les paroles du grand orateur. Tous ces personnages ont vécu dans le douzième siècle; les détails des costumes, l'expression particulière des têtes, le rappelle fidèlement. C'est ce que fait aussi l'architecture qui est inspirée du style propre à cette époque.

Architecture, statuaire, ornementation, tout ici concourt directement à un but unique qui est de représenter St. Bernard et son siècle. Une seule tête semble avoir conçu cette œuvre, une seule main l'avoir exécutée; unité remarquable, résultat de l'union qui, dès le principe, s'est établie entre les artistes chargés de l'exécution du monument.

Sa forme et ses dimensions générales ont été mises en rapport avec les dimensions de l'avenue qui le précède.

Pour qu'une statue pédestre ne fût pas à cette distance, écrasée par la masse des constructions de la place St.-Bernard, dans le vide de la campagne et du ciel qui devaient lui servir de fond, il fallait qu'elle fût colossale, exhaussée par un support au moins double de sa hauteur. Les formes architectoriques elles-mêmes ne pouvaient se combiner avec cette figure si grandement drapée, que par un piédestal élancé et dont les lignes verticales offrissent une progression croissante, à partir du sol.

Le parti de représenter, non-seulement St. Bernard, mais encore son siècle résumé par quelques-uns de ses contemporains, ayant été adopté, il fallait que les places réservées à ces figures fussent le plus grandes possible, sans que le volume du piédestal dans lequel elles devaient se placer fût porté au-delà de ce qu'exigeait le volume de la figure principale. Portés à de plus grandes dimensions, ces six bas-reliefs eussent amplifié le support outre mesure, et réduit la statue à n'être plus qu'un détail accessoire.

Des proportions qui ont été adoptées et du choix des détails, résulte un ensemble plein d'harmonie, de grandeur et de variété. Aucune partie n'écrase l'autre, et n'est amoindrie ou masquée par ce qui l'accompagne elle-même.

La hauteur totale du monument est de 10^{m}72 environ.

La statue, qui est en bronze compte, dans cette dimension, pour 3^{m}40, y compris la plinthe, et pour 3^{m}15 seulement en retranchant cette dernière.

Le piédestal est de forme hexagone ; il a 6^{m}72 de hauteur, et se compose de trois parties distinctes dont voici l'ordre :

1° Un socle ou stylobate de 2ᵐ63 de hauteur sur 1ᵐ43 de côté;

2° Le dez ou fût de 3ᵐ29 de hauteur sur 1ᵐ18 de côté;

3° L'acrotère sur lequel repose la statue, ayant 0ᵐ80 de hauteur sur 0ᵐ75 de côté.

Ce piédestal repose sur une plate-forme circulaire de 10ᵐ60 de diamètre, élevée de 0ᵐ50 au-dessus du sol, et autour de laquelle règne un trottoir de 1ᵐ50 de largeur.

Une grille en fer massif de 1ᵐ75 de hauteur est scellée sur le bord de la plate-forme et enferme ce monument.

La plate-forme et le stylobate sont en pierre dure de Dijon. Le dez du piédestal et l'acrotère sont en pierre d'Is-sur-Tille.

Le stylobate est orné de panneaux carrés à simples moulures, et couronné par un cordon peu saillant, à modillons.

Sur le panneau faisant face à la place St.-Bernard est tracée l'inscription suivante :

> A S. BERNARD
> NÉ A FONTAINES
> LEZ DIJON
> EN MXCI.

Sur le panneau opposé est tracée une seconde inscription, ainsi conçue :

> ÉRIGÉ
> PAR SOUSCRIPTION
> VII NOV.
> MDCCCXLVII.

Le dez est évidé par six niches peu profondes, décorées sur leur arrête d'une simple baguette, et contenant les six figures en bas-relief presque ronde-bosse des contemporains de St. Bernard. Ces figures, taillées dans la masse ont 1^{m}95 de hauteur, et saillissent un peu en avant des faux du dez. Le nom de chaque personnage est gravé sur les plinthes en lettres romanes.

    Le dez est couronné par une corniche à modillons et à doubles denticules intercalées, et par un riche feston à feuillages et à têtes de lion formant gouttières.

    L'acrotère, terminé par une corniche, est orné de panneaux et de moulures sculptés. Il est surmonté d'une grande base sur laquelle est posée la statue de St. Bernard.

    Tous ces détails sont traités avec fermeté ; les ornements inspirés du style roman se font remarquer par leur originalité et par une vigueur peu commune. M. Forey, sculpteur dijonnais, qui les a taillés dans la masse, a su animer la pierre et dompter une matière rebelle.

    Au point de vue de la statuaire, le monument de St. Bernard est une œuvre capitale. L'orateur est debout comme à Vézelay : sa pose et son geste annoncent un homme puissant et vénéré, tenant sous sa main une immense multitude. Quelle noblesse, quelle majesté et quelle douceur ! Pouvait-on plus heureusement traduire la mystérieuse alliance d'une humilité profonde et d'une mâle énergie ?

    Un artiste vulgaire aurait-il compris la tâche qui lui était imposée? Au milieu des rois mêmes et de la chevalerie sous les armes, St. Bernard n'était pas un capitaine exalté, haranguant ses troupes l'épée d'une main, et montrant de l'autre les bataillons ennemis.

La statue de Bernard de Fontaines est celle d'un homme supérieur qui calme plutôt encore qu'il ne soulève les flots de la multitude. Il est sûr qu'ils iront où il les poussera ; il les comprime ; il voudrait, à force d'amour, leur ôter l'âpreté et l'orgueil de leur nature ; il voudrait les civiliser pour les rendre dignes de la victoire.

Telle est la statue dans son ensemble ; les détails en sont de délicates et sages inspirations. La tête a le double caractère de la douceur et de l'autorité ; le bras et la main droite sont étendus avec une simplicité et une noblesse, qui rappelle le geste d'un grand orateur. Ce front appartient à une vaste intelligence. La bouche parle ; mais ses paroles sont moins un glaive qu'un ruisseau de lait et de miel ; il s'agit moins de sang ou de vengeance que du salut et de la civilisation, dont il presse le signe sur son cœur.

La statue de St. Bernard, fondue à Paris par Soyer, y a été quelque temps exposée. De grands artistes l'ont admirée ; ils la regardent comme un chef-d'œuvre, et la plus belle statue drapée de notre époque. Il y a en effet dans les draperies tant de grâce et de souplesse, qu'on oublie qu'elles sont de bronze ; le vent va les soulever.

Les six statues presque ronde-bosse du bas-relief, plus grandes que nature, sont le reflet de la pensée du grand orateur. Elles semblent l'écouter et comprendre ; car le Grand-Maître lui-même, la plus rude de toutes ces figures, entend avec calme et respect les saintes paroles qui tombent des lèvres de S. Bernard.

Le premier qui devait frapper tout d'abord les yeux du spectateur, était Eugène III, la clef de voûte de toute la société contemporaine. Sa tête est empreinte du calme et de la majesté du Christ dont il est la vivante image ; mais sous l'élément divin on découvre la nature humaine inquiète et chargée de toutes les douleurs des peuples dont il est le Pasteur. Les détails de la tête couronnée de la tiare sont fortement accentués; les mains sont remarquablement belles ; la gauche soulève un peu la chape pontificale, qui laisse apercevoir une aube richement brodée.

A droite et à gauche du souverain pontife sont deux princes de la terre, le roi de France et le duc de Bourgogne. Louis VII, couronne royale en tête, est tout brillant de jeunesse et de force. Ses cheveux tombent sur son cou ; le manteau royal, gracieusement agrafé sur l'épaule droite, s'écarte et découvre le bras droit et une partie du torse. De la main gauche il tient le sceptre et relève son manteau, dont l'étoffe soyeuse contraste admirablement avec la bure des moines qui l'accompagnent. Cette belle figure de Louis VII fait penser à St. Louis, le futur héros de Taillebourg.

Ce qui caractérise le duc de Bourgogne, Hugues-le-Pacifique, c'est l'expression de cette mansuétude qui lui a valu le surnom qu'il a gardé. Sa pose est simple et la tête pleine de douceur; ses yeux sont grands et d'un beau dessin ; la chevelure est aplatie et pend selon le goût de l'époque. Hugues porte la couronne ducale, et une longue tunique, serrée par un large ceinturon. Sur sa poitrine on distingue le vieux blason de Bourgogne, qu'on retrouve également sur le bouclier posé à la gauche et que soutient la main du prince. L'autre bras tombe mollement le long du corps. La forme, la musculature de ses membres se font parfaitement sentir sous la cotte de mailles.

A côté du roi de France est son ministre. Suger a le type grave et soucieux d'un homme sur lequel reposent les affaires d'un grand Etat. Sa tête, dont le front est sillonné de rides précoces, est encadrée dans un capuce d'une grande légèreté, qui lui donne de la saillie et ajoute à son expression. De sa main gauche il tient la crosse abbatiale de St. Denys; de la droite, la couronne de France dont il a seul porté le poids pendant la Croisade. La robe monacale qui l'enveloppe de ses larges plis, est souple et habilement étoffée. Cette figure, celle du pape et du roi sont des portraits historiques religieusement reproduits.

Près du duc de Bourgogne on voit Pierre-le-Vénérable, avec le sévère costume de Cluny. Les draperies de ce froc tombent droites, mais sans lourdeur et sans sécheresse. La tête du moine se détache de son capuce; elle est d'un relief de modelé étonnant, supérieurement exécutée, et d'une expression si saisissante qu'on ne peut s'empêcher de s'arrêter longtemps devant elle. Cette tête est vivante; elle semble chercher son ami et vouloir lui répondre; il n'est pas possible de donner plus de mouvement à la pierre. J'ai entendu dire près de moi à un amateur fasciné par cette tête magnifique : Vraiment, si ce n'est pas là le véritable portrait de l'abbé de Cluny, il a eu grand tort de ne pas lui ressembler; c'est bien là l'idée que ses écrits donnent de sa physionomie.

Les bras de Pierre-le-Vénérable tombent naturellement; ses mains se joignent, et de l'une d'elles il tient un phylactère sur lequel sont gravés les titres de quelques-uns de ses ouvrages.

Pour Hugues de Payens, campé fièrement comme il convenait au champion de la Chrétienté, il a tout à la fois de la rudesse et de la franchise. Son œil ardent, son front plissé, ses lèvres couvertes d'une épaisse moustache, une barbe longue et touffue, sa main droite appuyée sur sa hanche, le bouclier qu'il tient de l'autre, une large épée, tout cela donne à cette mâle et héroïque figure un air martial qui rappelle les preux de la *Jérusalem délivrée*. Un ample et long manteau de guerre flotte sur ses robustes épaules ; il est revêtu de toutes pièces ; mais la maille de fer qui recouvre ses bras et ses jambes laisse deviner leur force, tout en montrant qu'ils sont à l'aise sous l'armure. Le représentant de la chevalerie n'attend qu'un mot pour partir et commencer ses exploits.

En somme, la statue de St. Bernard et les six statues du piédestal sont d'un beau travail et d'une surprenante diversité de facture. Nous ne comprenons pas que Jouffroy ait pu donner à une pierre grossière tant de souplesse et d'animation. Le XIIe siècle tout entier, sorti vivant des mains de l'artiste, atteste sa puissance et ses longues études ; car on y retrouve les costumes de presque toute la société contemporaine, du sacerdoce, de la royauté, de la chevalerie, des Ordres religieux. Le monument de St. Bernard est une véritable galerie des principaux personnages du moyen âge.

On a fait un crime au savant artiste de n'avoir pas semé de fleurs de lis le manteau du roi. C'eût été un anachronisme ; cette coutume n'existait pas sous Louis VII. Les fleurs de lis ont paru pour la première fois sur le manteau royal au sacre de Philippe-Auguste en 1179.

Dijon fera donc voir aux étrangers, à la fois et avec un double orgueil, l'ouvrage d'un grand artiste et la statue d'un grand Saint, l'un et l'autre nos compatriotes.

MONUMENT DE SAINT BERNARD.

ÉTAT SOMMAIRE DES RECETTES ET DES DÉPENSES.

RECETTES.			DÉPENSES.		
1° Souscription du roi.	1,000 f.	00 c.	1° Travaux divers de terrassements, maçonnerie, charpenterie, etc.	9,882 f.	53 c.
2° Du Ministère de l'Intérieur.	6,000	00	2° Serrurerie.	2,467	60
3° De M. Guizot, ministre des affaires étrangères.	300	00	3° Peinture et dorure.	260	00
4° De M. le Cte. de Salvandy, ministre de l'Instruction publique.	200	00	4° Sculpture de la statue de St. Bernard et des 6 figures du piédestal.	16,000	00
5° De la Société formée pour la construction de l'un des bâtiments de la place St.-Bernard.	4,250	00	5° Fonte de la statue en bronze.	8,000	00
6° Souscriptions particulières.	14,856	35	6° Sculpture des ornements d'architecture.	648	70
			7° Frais d'exposition de la statue de St. Bernard à Paris, son emballage, son transport à Dijon, et son érection sur le piédestal.	1,202	30
			8° Frais de gravures, d'impression et de publications diverses.	1,691	00
			9° Frais d'inauguration.	923	02
TOTAL.	26,606	35	TOTAL.	41,075	15

Excès des dépenses sur les recettes. . 14,468 f. 80 c.

TABLE.

	Pag.
Fontaines, son origine, son château.	5
Le père et la mère de St. Bernard.	6
Alliances de sa famille.	8
Souvenirs du Saint.	9
Chapelle de St. Bernard, sur son berceau; l'église des Feuillants la remplace; une statue de St. Bernard la couronnait.	10
Elle est renversée; tous les souvenirs du Saint allaient s'effacer.	12
Projet d'un monument à St. Bernard et à Bossuet.	13
La ville de Dijon se réserve l'érection de la statue de Bossuet.	14
Inauguration du monument de St. Bernard.	18
Discours de Mgr. l'Évêque de Dijon.	20
Discours de M. le Président de l'Académie.	32
Procès-verbal de l'inauguration.	37
Personnages du monument sous le point de vue historique.	40
Description du monument, architecture.	50
——— au point de vue de la statuaire.	53
Situation financière, en décembre 1847.	58

Chez V. LAGIER, *éditeur, à Dijon.*

COURS DE LITTÉRATURE de La Harpe; nouv. éd., précédée d'une Notice chronologique et littéraire sur la Vie et les Ouvrages de l'auteur, par M. Peignot. 18 gros vol. in-12, très-bien imp.; au lieu de 36 fr. . . . . 20 fr.

ANNALES DU MOYEN AGE, comprenant l'histoire des temps qui se sont écoulés depuis la décadence de l'Empire romain, jusqu'à la mort de Charlemagne; par M. Frantin aîné, 8 gros vol. in-8°, pap. fin. . . . . 30 fr.

LOUIS-LE-PIEUX et son siècle; 2 vol. in-8°, avec cartes et plan, formant les tomes 9 et 10 des *Annales du moyen âge*. Prix. . . . . 10 fr.

PENSÉES DE BLAISE PASCAL, rétablies suivant le plan de l'auteur, par M. Frantin aîné, auteur des *Annales du moyen âge*, et précédées d'un discours préliminaire qui développe le plan et les avantages de cette nouvelle édition; un gros vol. in-8°, pap. fin. . . . . 5 fr.

NOTICE générale des objets d'arts exposés dans les sept grandes salles du Musée de Dijon; par M. de Saint-Mesmin, conservateur du Musée; un vol. in-12, demi-compacte, de 310 pages. Prix. . . . . 1 fr. 50 c.

CHOIX DES LETTRES de St. Bernard, les plus appropriées aux besoins des personnes pieuses et des gens du monde, mises en ordre et annotées par M. l'abbé Melot; un joli vol. in-12, format Charpentier. . . . . 2 fr.

LE SECOND LIVRE DES ÉCOLES PRIMAIRES, ou Choix de Lectures morales et instructives à l'usage des enfants, par M. Meunier, inspecteur des écoles primaires; 2e édition. 1 gr. volume in-12 de 400 pages. . . . . 1 fr. 20 c.

PRINCIPES des 4 genres d'écritures, avec 12 planches de modèles, suivis de maximes et sentences, par M. Arbez. — Notions d'arithmétique; 1 vol. in-12. . . . . 75 c.

L'OMNIBUS DU LANGAGE, ou le Régulateur des locutions vicieuses, des mots défigurés ou détournés de leur sens, des termes impropres, de toutes les fautes qui échappent à l'ignorance ou à l'inattention, etc., etc.; par M. Barthélemy, professeur au Collége royal de Dijon. 1 vol. grand in-32, 75 c.; les 13/12. 5 fr.

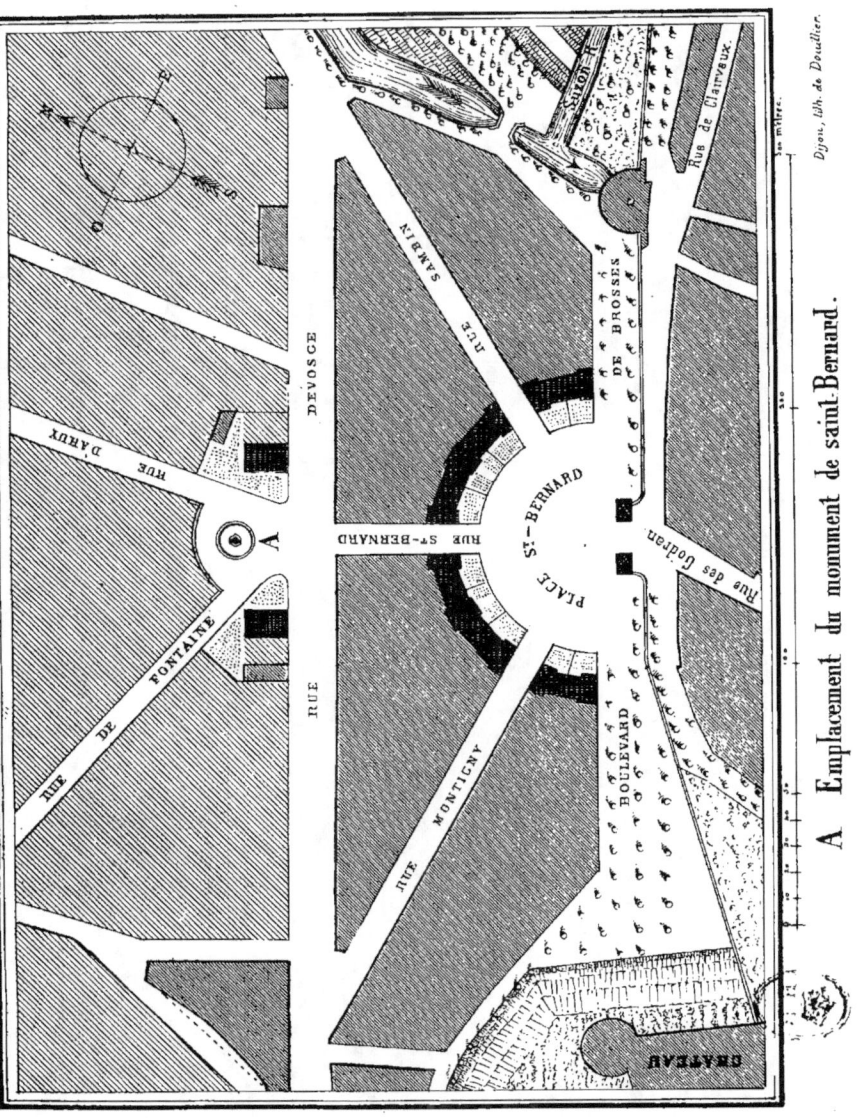

PLAN GÉNÉRAL DU QUARTIER SAINT-BERNARD A DIJON.

A   Emplacement du monument de saint Bernard.

STATUE DE St BERNARD.

MONUMENT DE St BERNARD
élévation.

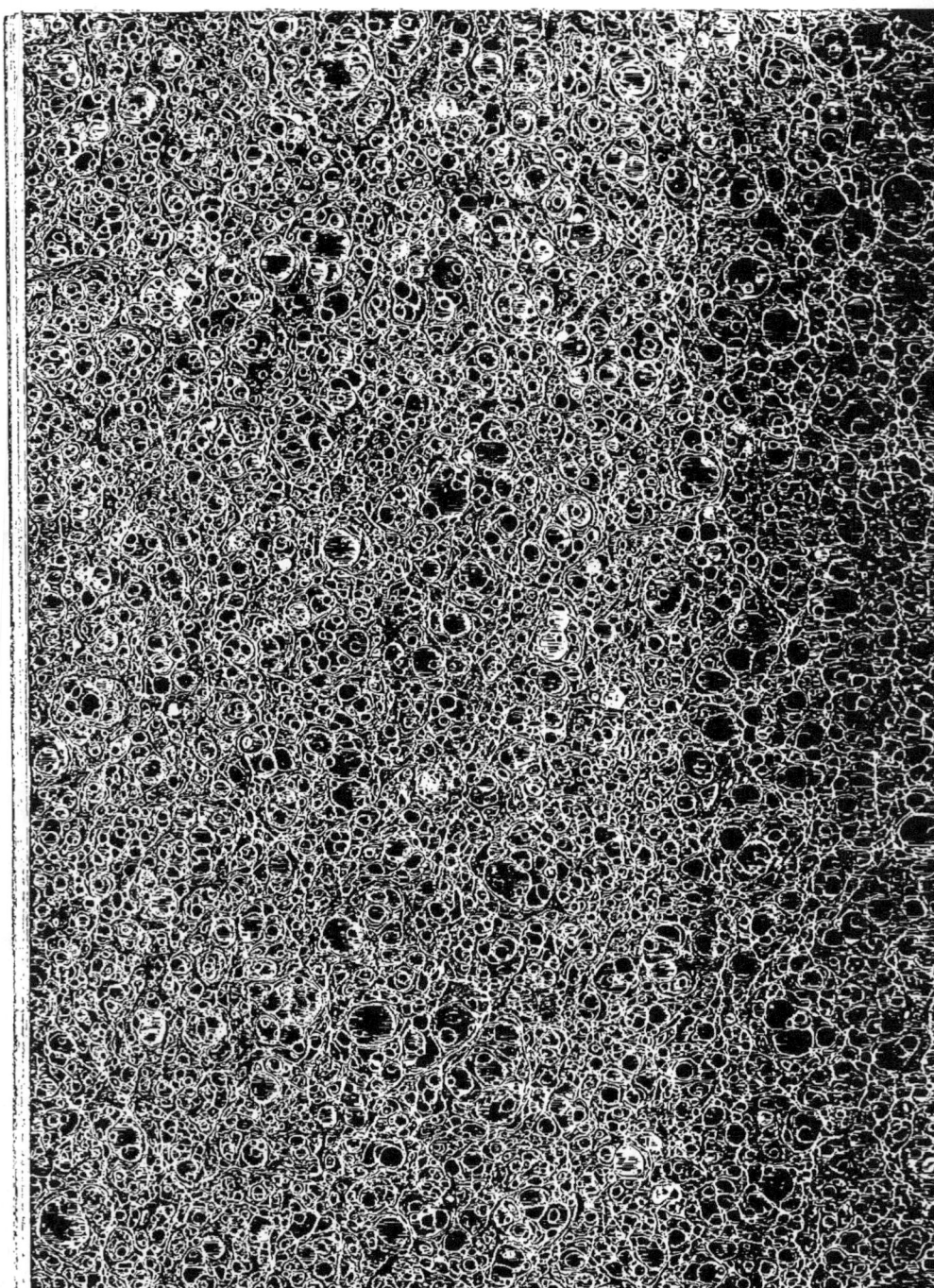

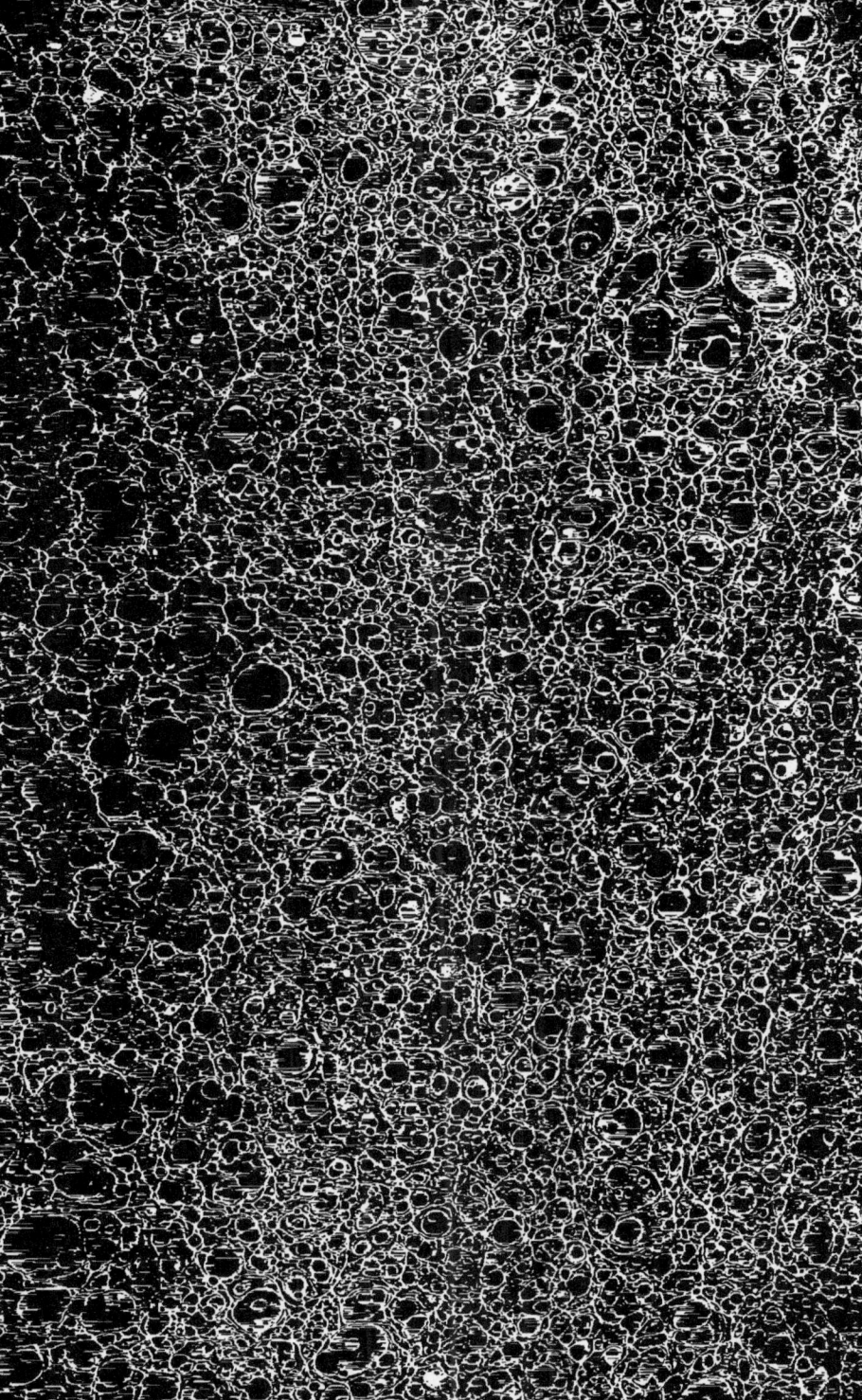

www.ingramcontent.com/pod-product-compliance
Lightning Source LLC
LaVergne TN
LVHW020108100426
835512LV00040B/2116